Existenzgründung nach dem Studium

Klaus Balzer

Existenzgründung nach dem Studium

Inhalt

Vorwort _____ 7

Selbstständigkeit und Existenzgründung _____ 9
Sind Sie ein Unternehmertyp? – Selbsteinschätzung
vor den Start _____ 9

Die richtige Geschäftsidee _____ 12
Wie schützen Sie Ihr Vorhaben? _____ 13
   Die Vertraulichkeitserklärung _____ 14
   Die Patentierung _____ 14
Der Kundennutzen Ihres Produkts _____ 14
Marktbeobachtung und -analyse _____ 15
Technologieförderung
an den Hochschulen – einige Beispiele _____ 17
Die Präsentation einer Geschäftsidee _____ 18
   Beispiel CityScape _____ 18
   Beispiele für erfolgreiche Geschäftsideen _____ 21
   Der Start-up-Wettbewerb _____ 22

Wege in die Selbstständigkeit _____ 24
Die unterschiedlichen Gründungsarten _____ 25
   Neugründung _____ 25
   Betriebsübernahme _____ 26
   Beteiligung _____ 26
   Franchising _____ 26
Die Rechtsform Ihres Unternehmens _____ 27
   BGB-Gesellschaft _____ 28
   Kaufmann _____ 28
   Offene Handelsgesellschaft (OHG) _____ 29
   Kommanditgesellschaft (KG) _____ 29
   Gesellschaft mit beschränkter Haftung (GmbH) _____ 29

GmbH & Co. KG	30
Partnerschaftsgesellschaft	30
Mehr über die GmbH	31
Was ist eine GmbH?	31
Der Gesellschaftsvertrag	32
Weitere Merkmale einer GmbH	36
Gestaltung Ihrer Geschäftsbriefe	43
Das Handelsregister	44

Der Businessplan 45

Bausteine eines Businessplans	45
Erarbeiten Sie Ihr Unternehmenskonzept	47
Gestaltungstipps für Ihren Businessplan	52
Ihr Geschäftsplan in aller Kürze	53
Beispiel Freudenberg Halbleitertechnik AG	58
Wer hilft weiter bei Einzelfragen?	101
Coaches	101
Business Angels	102

Die clevere Finanzierung 104

Wie viel müssen Sie investieren?	104
Kapitalbedarfsplan	106
Finanzierungsplan	107
Sie benötigen Fremdkapital?	109
Finanzierungsarten	109
Gute Vorbereitung auf das Bankgespräch ist das A und O	113
Öffentliche Starthilfen: Förderprogramme	115
Die Deutsche Ausgleichsbank (DtA)	116

Existenz gegründet – und dann? 147

Gründerjobs	147
Eine ordentliche Buchführung ist unerlässlich	148
Unternehmerlasten: Steuern und Beiträge	151
Gewinnabhängige und vermögensabhängige Steuern	151
Umsatzsteuer	152
Steuerplanung	152

>   *Was müssen Sie gegenüber dem Finanzamt beachten?* _____ 153
>   *Versicherungen und persönliche Vorsorge* _____ 153
> Existenzgründungsinitiativen in den Bundesländern _____ 154
>   *Von Baden-Württemberg bis Thüringen* _____ 154
>   *Ihre Region im Internet* _____ 164

Anhang _____ 165
Materialien des Bundesministeriums für Wirtschaft _____ 165
Abc für Existenzgründer _____ 167
Adressen _____ 173
  Regionale Netzwerke _____ 173
  Wichtige Bundesministerien _____ 174
  Gründungslehrstühle an deutschen Universitäten _____ 175
  Nützliche Internetadressen (www.) _____ 180
Bewertungskriterien für Businessplan-Wettbewerbe _____ 182
Weiterführende Literatur _____ 187
Register _____ 190

Vorwort

Schon während des Studiums kommt Ihnen die zündende Idee. Das Produkt gibt es noch nicht auf dem Markt. Mit Ihrem Know-how haben Sie keine Schwierigkeiten, die Produktidee zu realisieren, das haben Sie schon während des Studiums erfahren. Sowohl anhand Ihrer Benotungen für theoretische Arbeiten als auch in Praxisseminaren. Woran Ihre Idee bisher in Ihrem Kopf scheiterte, ist die kaufmännische Umsetzung. Finanz- und Liquiditätsplanung ein Jahr im Voraus? Genau dies ist der Grund, warum Sie als Student oder Doktorand dieses Buch jetzt in der Hand halten.

Können Sie schon jetzt in ihrer Umsatzplanung den break-even-point benennen? Was ist denn das, werden Sie fragen. Und Finanz- und Liquiditätsplanungen – Sie haben womöglich überhaupt keine Lust, an die eher bürokratisch anmutenden Finanzplanungen zu denken. Zum Thema Bedarfsermittlung werden Sie sagen, Ihre Freunde und Bekannten sind begeistert von der Idee, warum sollte sie also nicht funktionieren? Und Geldgeber finden Sie schon angesichts Ihrer grandiosen Idee, davon sind Sie überzeugt. Aber wie und wo?

Als zukünftiger Unternehmer – ja, Unternehmer! - müssen Sie die Antworten auf diese Fragen kennen. Learning by doing reicht nicht aus, dies belegen allein schon die gescheiterten Existenzgründungen, die vom Bundesamt für Statistik regelmäßig erfasst werden. Rund 50 Prozent aller Existenzgründer müssen innerhalb der ersten fünf Jahre Konkurs anmelden. 69 Prozent davon scheitern an Finanzierungsmängeln, 61 Prozent an Informationsdefiziten. Sie als Hochschulabsolvent stehen dabei vor besonderen Herausforderungen. Denn das Studienziel ist eher auf abhängige berufliche Tätigkeiten ausgerichtet als auf berufliche Selbstständigkeit. Kaum eine deutsche Universität oder Hochschule bietet spezielle Aus- und Weiterbildungslehrgänge zum Thema Existenzgründung, dies gilt auch für die Wirtschaftswissenschaften. Dort sind überwiegend Großunternehmen das Studienobjekt, klein- und mittelständische Betriebe dagegen weniger. Insbesondere die Geistes- und Sozialwissenschaften sind Stiefkinder. Absolventen dieser Fachbereiche können kaum mit Unterstützung rechnen. Und Praxis bieten die Studien an deutschen Universitäten und Hochschulen überhaupt nicht.

Das vorliegende Buch wendet sich an Sie als Universitäts- und Hochschulabsolvent. Ein eigenes Kapitel widmet sich daher den spezifischen Aspekten von Finanzierungsformen, die Universitäten und Fachhochschulen anbieten. Auch einzelne Bundesländer fördern insbesondere Studienabgänger durch Modellvorhaben, die in diesem Buch dargestellt werden. Grundlage jeglicher Existenzgründung ist allerdings die Erstellung eines Businessplanes. Diesem Aspekt der Existenzgründung wird in diesem Buch große Aufmerksamkeit geschenkt. Was muss ein Businessplan abdecken? Wie wird er präsentiert? Zwischen welchen Finanzierungsstrategien können Sie wählen? Welche Art von Darlehen können Sie beantragen und wo bekommen Sie diese? Und wenn Sie es schließlich geschafft haben und Ihr Unternehmen läuft, was passiert dann?

Alle Fragen werden anhand konkreter Beispiele aus der Praxis beantwortet. Dadurch erhalten Sie auch einen Überblick über erfolgreiche Existenzgründer. Apropos Existenzgründer: Haben Sie sich schon einmal die Frage gestellt, ob Sie überhaupt ein „Unternehmertyp" sind? Mithilfe einer Checkliste lässt sich das ganz leicht herausfinden.

Selbstständigkeit und Existenzgründung

Sie haben, wenn Sie kurz vor der Beendigung ihres Studiums stehen, die Wahl: Mache ich mich selbstständig oder suche ich mir lieber eine Festanstellung? Beides hat Vor- und Nachteile. Gehen Sie in eine Festanstellung, leben Sie natürlich mit der Sicherheit, regelmäßig Gehalt zu beziehen, regelmäßige Arbeitszeiten zu haben und in der Regel tariflich abgesichert zu sein. Aber: Die Arbeitslosigkeit ist unter Akademikern, von wenigen Berufen abgesehen, unverhältnismäßig hoch. Die Selbstständigkeit dagegen verschafft Ihnen flexible Arbeitszeiten und ein hohes Maß an Eigenverantwortung. Allerdings tragen Sie auch ein großes Risiko. Haben Sie die richtige Produktidee? Sind Sie kaufmännisch fit genug, um den Anforderungen der Geschäftsführung eines Unternehmens zu genügen? Sind Sie zäh genug, auch kritische Phasen zu überstehen?

Chancen und Risiken der Selbstständigkeit

Sind Sie ein Unternehmertyp? – Selbsteinschätzung vor dem Start

Bevor Sie sich daran machen, in die Planung eines Unternehmens einzusteigen, müssen Sie prüfen, ob Sie ein Unternehmertyp sind. Dazu gehören Eigenschaften, die Sie im täglichen Leben nicht unbedingt benötigen, deren Missachtung im Beruf aber gravierende Folgen hat. Abgesehen von womöglich enormen finanziellen Belastungen, die auf Sie zukommen, wenn Sie scheitern: Der Stressfaktor ist extrem hoch, Sie müssen in der Lage sein, mit Ihren künftigen Kunden ebenso umzugehen wie mit Ihren Mitarbeitern.

Wenn Sie aus der Hochschule heraus ein Unternehmen gründen wollen, bedarf es einer gesunden Einschätzung Ihrer Möglichkeiten. Mit den folgenden Eckpunkten können Sie herausfinden, ob Sie sich das Unterfangen einer Existenzgründung überhaupt zutrauen.

Selbsteinschätzung

Kaufmännisches Wissen

■ Viele Hochschulabsolventen haben ein großes Fachwissen in ihrem Bereich. Das allein reicht aber nicht aus, um als Existenzgründer erfolgreich zu sein. Kaufmännisches Wissen ist für den Bestand einer Existenzgründung mindestens ebenso wichtig.
Frage: Sind Sie sich über Ihr kaufmännisches Informations- und Qualifikationsdefizit im Klaren?

Marktforschung

■ Viele Hochschulabsolventen gründen ihr Unternehmen mit einer ganz besonderen Geschäftsidee – insbesondere technologieorientierte Gründer, die vielleicht sogar eine Erfindung gemacht haben. Ihnen fehlen aber Kenntnisse darüber, welche Produkte und Dienstleistungen am Markt bestehen können oder ob es Konkurrenten gibt, die ähnliche Produkte schon anbieten.
Frage: Meinen Sie, dass Sie genügend Informationen über den Markt und über potenzielle Konkurrenten besitzen?

Finanzplan

■ Vor allem für Technologieunternehmen benötigen Gründer viel Kapital. Besonders dann, wenn zu einer Erfindung erst ein Prototyp geschaffen werden muss, bevor das Produkt in Serie hergestellt werden kann. Wichtig ist ein passender Finanzplan, der auch staatliche Fördermöglichkeiten berücksichtigt. Denn erst damit können hohe Forschungs-, Entwicklungs- und Investitionskosten abgedeckt werden.
Frage: Trauen Sie sich zu, den oft mühsamen und mit Hindernissen belegten Weg durch die Instanzen zu gehen, bis Sie das nötige Kapital für Ihr Unternehmen zusammen haben?

Der Weg zum Kunden

■ Viele Gründer haben exzellente Geschäftsideen. Sie vergessen aber oft zu ermitteln, welche Kunden für Ihr Angebot infrage kommen und wie diese erreicht werden können. Ohne ein gutes Vertriebsnetz aber ist das beste Produkt nichts.
Frage: Trauen Sie sich a) einen verbindlichen und entschlossenen Umgang mit Kunden und b) die mühsame Recherche über Kundeninteressen und Vertriebswege zu?

Teamfähigkeit

■ Für viele Existenzgründungsbetriebe benötigt man viel Kapital, das unternehmerische Risiko ist sehr hoch. Der Bedarf an Know-how ebenso. Hier mit einem oder mehreren Partnern zu arbeiten, hat viele Vorteile. Technologie- oder Gründerzentren, aber auch Hochschulen und Universitäten helfen bei der Suche danach.

Frage: Sind Sie teamfähig? Glauben Sie, dass Sie mit einem Partner zusammenarbeiten können? Sind Sie bereit, auch Verantwortung abzugeben und sich auf eine gesunde Arbeitsteilung einzulassen?

Beantworten Sie diese Fragen wirklich gründlich. Suchen Sie sich Menschen Ihres Vertrauens, mit denen Sie über Ihre Selbst- und deren Fremdwahrnehmung reden können. Nur so kommen Sie zu einer Einschätzung, die Sie mit realistischem Selbstvertrauen in Ihr Vorhaben gehen lässt. Wenn Sie jedoch ein falsches Bild von Ihren Kenntnissen und Fähigkeiten haben, werden Sie unweigerlich scheitern.

Die richtige Geschäftsidee

Ihre Geschäftsidee, die Sie während des Studiums entwickeln, bildet Ihr erstes Kapital. Auf dieser Idee basiert Ihr Unternehmen. Dabei ist es zunächst unerheblich, ob Sie mit Ihrer Idee in Ihrer Berufslinie liegen oder ob Sie die Idee in einem Ihrem Studium nicht verwandten Bereich umsetzen wollen.

Untersuchungen zeigen, dass der Großteil neuer und erfolgreicher Geschäftsideen von Leuten entwickelt wird, die bereits einige Jahre einschlägige Erfahrungen haben. Wer eine Geschäftsidee zur nötigen Reife entwickeln möchte, braucht meist eine tiefe Kenntnis der Technologie, des Kundenverhaltens und der Branche.

UNSER TIPP Versuchen Sie, nicht nur im Studium, sondern auch durch studienbegleitende Praktika oder Jobs in einschlägigen Unternehmen Erfahrungen zu sammeln. Sie haben dadurch die Möglichkeit, eine realistische Einschätzung Ihrer Idee zu entwickeln.

Weiterentwicklung der Idee

Die Umsetzung einer Idee ist ein langer Prozess. Sie müssen die Idee ständig weiterentwickeln und auf ihre Plausibilität hin prüfen. Auch den Innovationsgehalt Ihrer Idee sollten Sie regelmäßig einem Test unterziehen:
- Ist die Idee tatsächlich neu?
- Gibt es etwas Vergleichbares auf dem Markt?
- Ist unter Umständen sogar schon ein Patent angemeldet?

Begnügen Sie sich nicht damit, diese Fragen nur einmal am Beginn Ihrer Geschäftsidee zu stellen. Checken Sie regelmäßig ab, ob Sie tatsächlich noch alleiniger Inhaber Ihrer Geschäftsidee sind.

In demselben Umfang müssen Sie schon von vornherein Überlegungen zu Ihren Marktchancen und der Realisation Ihrer Idee anstellen.

Jetzt kommt es darauf an, Ihre Produktidee weiter zu präzisieren. Eines ist für Sie in dieser Phase existenziell wichtig: Diskutieren Sie Ihre Idee mit Freunden, Bekannten, Experten und potenziellen Kunden. Vor allem Sie als Absolvent einer Hochschule haben einen großen Vorteil gegenüber anderen Existenzgründern: Sie können jederzeit mit Ihren Mitstudenten oder Professoren über Ihre Idee sprechen. So können Sie, je intensiver Sie andere in Ihre Gedankenprozesse einbeziehen, den Nutzen Ihrer Idee und die Marktchancen besser beurteilen. Seien Sie aber nicht so naiv, jedem alles auf einmal zu erzählen: Schließlich wollen Sie Ihre Geschäftsidee nicht plötzlich von jemand anderem umgesetzt sehen.

Diskussion der Idee

Sie können sich für diese Phase ruhig Zeit lassen. Die Idee für eine Produktentwicklung ist erst dann finanzierungswürdig, wenn sie so konkret ist, dass Sie Ihre Idee in absehbarer Zeit auf den Markt bringen. Das kann Jahre in Anspruch nehmen. Ihre Zeit an der Hochschule oder Universität bietet Ihnen dafür hervorragende Voraussetzungen. Sie benötigen kein oder nur sehr wenig Kapital, um an Ihrer Idee zu feilen. Sie können diese Idee im Rahmen Ihrer Diplom- oder Doktorarbeit soweit konkretisieren, dass sie zur Produktreife gelangt.

Innovative Produkte ziehen eine erhöhte Aufmerksamkeit potenzieller Geldgeber und Kunden auf sich. Unter innovativen Produkten versteht man die wirtschaftlich angewandte Neuerung von Produkten oder Prozessen. Wenn Sie gedanklicher Inhaber einer solchen Idee sind, können Sie sehr schnell Erfolg haben, vergleichen Sie nur, was sich im Bereich des Internets oder der Multimediabranche tut.

Wie schützen Sie Ihr Vorhaben?

Sie haben viel Mühe, Gedanken und Zeit in die Entwicklung Ihrer Geschäftsidee gesteckt. Jetzt kommt es darauf an, sich vor Nachahmern zu schützen. Sie sollten sich auf jeden Fall die Rechte an dieser Idee sichern lassen. Dafür gibt es zwei Wege:
- die Vertraulichkeitserklärung;
- die Patentierung.

Die Vertraulichkeitserklärung

Wenden Sie sich an einen Anwalt, Treuhänder oder einen Bankangestellten, wenn Sie diese Idee öffentlich präsentieren wollen. Diese Berufsgruppen sind gesetzlich zur Vertraulichkeit verpflichtet. Venture Capitalists – also dritte Personen, die sich mit Kapital an Ihrem Unternehmen beteiligen wollen, bieten schon aus eigenem Interesse Vertraulichkeitsschutz.

UNSER TIPP Lassen Sie sich von Ihrem Gesprächspartner eine „Vertraulichkeitserklärung" unterschreiben. Diese kann im Zweifelsfall von großem Nutzen sein.

Die Patentierung

Wichtig für Technologieunternehmen

Gerade bei Technologieunternehmen ist eine frühzeitige Patentierung ratsam. Stellen Sie also Patentrecherchen an. So können Sie sich über den Stand der Technologie informieren, den Wettbewerb beobachten, die Patentfähigkeit Ihrer Idee feststellen und einen Überblick darüber bekommen, welche fremden Schutzrechte es schon gibt. Sie sollten aber auch die eigenen Schutzrechte sorgfältig ausgestalten. Es gibt genügend finanzkräftige Mitbewerber auf dem Markt, die ein ihnen unliebsames Patentrecht zu Fall bringen möchten. Die Patente garantieren Ihren Investoren, dass Ihre Idee nicht durch eine Nachahmung Dritter wertlos wird.

UNSER TIPP Die Handelskammern bieten in der Regel Beratung und Information zum Thema Patentrechte an. Außerdem führen sie oftmals im Auftrag Patentrecherchen durch.

Der Kundennutzen Ihres Produkts

Die Unverwechselbarkeit Ihres Produkts

Ihre Geschäftsidee muss vom potenziellen Kunden akzeptiert werden, das heißt, es muss ihm nützen. Wenn Sie ausschließlich Wert auf Ihr Produkt und dessen technische Entwicklung legen, nicht aber den Kundennutzen im Visier haben, können Sie sich leicht verrennen. Das Einzigartige an Ihrem Produkt – Unique Selling Proposition (USP) – hebt Sie aus der Masse der Mitbewerber heraus.

Die richtige Geschäftsidee

Stellen Sie die USP in den Mittelpunkt Ihrer Darstellungen, wenn Sie sich mit einer Geschäftsidee vorstellen.

UNSER TIPP Der Kundennutzen rangiert immer vor dem Produkt. Überlegen Sie, mit welchen Argumenten Sie sich als Kunden für Ihr Produkt gewinnen würden. Je höher der Nutzungsgrad und die Kostenersparnis, desto eher werden Sie potenzielle Kunden von Ihrer Idee überzeugen können.

Stellen Sie sich folgende Fragen:
- Welche Innovation steht hinter Ihrer Geschäftsidee?
- Wie ist Ihre Idee geschützt?
- Was macht die Einzigartigkeit Ihrer Idee aus?
- Wer sind die potenziellen Kunden?
- Welchen Vorteil erzielt der potenzielle Kunde durch Ihr Produkt?
- Welche Wettbewerbsvorteile besitzt Ihr Produkt gegenüber anderen Anbietern?

Fragen zum Profil Ihrer Idee

Marktbeobachtung und -analyse

Ihre gute Idee kann der Beginn eines erfolgreichen Unternehmens sein – muss es aber nicht. Denn bisher haben Sie zwar eine Idee und sich für den Weg in die Selbstständigkeit entschieden. Sie wissen aber noch nicht, wie der Markt aussieht. Dieser muss für Ihr Produkt aufnahmebereit sein. Basis Ihrer Strategie ist also eine gründliche Marktstudie. Kapitalgeber schauen im Übrigen sehr genau darauf, wie Sie den Markt und die Wachstumschancen Ihres Unternehmens einschätzen. Nur wenn eine realistische Analyse vorliegt, wird auch investiert. Beschreiben Sie die Märkte, die Sie mit Ihrer Idee künftig beliefern wollen. Dazu benötigen Sie Daten über die Marktgröße, über Konkurrenten und deren Vertriebswege. Umschreiben Sie Ihren Kundenkreis und fassen Sie Ihre Lieferanten ins Auge. Informieren Sie sich über marktübliche Preise und Kosten.

UNSER TIPP Basisdaten finden Sie bei den statistischen Landesämtern, beim Statistischen Bundesamt, in den Branchenberichten der Verbände, in Marktstudien von Unternehmensberatern und in Geschäftsberichten von Marktteilnehmern. Lassen Sie keine Marktanalyse durch eine Unternehmensberatung eigens erstellen, diese kostet viel Geld.

Schätzen ist ein wichtiger Bestandteil von Planungs- und Entscheidungsprozessen. Grundlage Ihrer Schätzungen sind immer die Daten, die Sie im Rahmen ihrer Analyse und Recherche gesammelt haben. Diese sind in der Regel aber nicht vollständig. Insbesondere beim Kundenkreis und der Größe des Gesamtmarktes werden Sie um Reste von Vermutungen nicht herumkommen. Sie müssen sich also auf ein gewisses Wagnis einlassen. Gerade Naturwissenschaftler und Techniker sind jedoch exakte Zahlen gewohnt. Bei der Marktanalyse dagegen ist es richtiger, mit der Schätzung aufgrund plausibler Annahmen einen Näherungswert zu erzielen, als eine Zahl bis aufs Komma zu berechnen, um dann aber festzustellen, dass die Ausgangspunkte Ihrer Berechnung falsch waren.

Näherungswert statt exakter Zahlen

Dies sollten Sie bei Schätzungen bedenken:
- Stellen Sie Ihre Schätzung auf ein solides Fundament: Stützen Sie sich auf einfach zu verifizierende Zahlen, wie zum Beispiel die der statistischen Ämter;
- eine Schätzung sollte logisch nachvollziehbar sein. Machen Sie keine Gedankensprünge und legen Sie die zugrunde liegenden Annahmen offen;
- vergleichen Sie Ihre Quellen. Prüfen Sie Angaben der unterschiedlichen Einrichtungen durch Gegenrecherche nach.

UNSER TIPP Vergessen Sie auf keinen Fall, die Leistungen Ihrer Konkurrenten zu untersuchen. Finden Sie heraus, wer die wichtigsten Anbieter auf dem Markt sind, wodurch sich deren Produkte unterscheiden, welchen Marktanteil sie haben und wie Ihre Konkurrenten am Markt vorgehen. Auf jeden Fall sollten Sie auch abschätzen, wie schnell Ihre Konkurrenten mit einem ähnlichen Produkt ebenfalls auf den Markt gehen und Ihre Absatzchancen verringern könnten.

Die richtige Geschäftsidee

Schätzen Sie Ihren Markt realistisch ein:
- Wie definieren Sie Ihren Markt?
- Wie groß schätzen Sie Ihren Marktanteil?
- Wer sind Ihre Kunden?
- Wer sind Ihre Wettbewerber?
- Welche Stärken und Schwächen weisen diese auf?
- Wie schnell lässt sich Ihre Idee nachahmen?

Fragen zur Markteinschätzung

Technologieförderung an den Hochschulen – einige Beispiele

Die nachstehende Tabelle führt auf, welche Hochschulen im Bundesgebiet sich vorrangig mit der Existenzgründung im Bereich Technologieentwicklung beschäftigen. Wer sich speziell mit einem solchen Vorhaben trägt, erhält dort Auskunft und Rat.

Technologieentwicklung und Existenzgründung	
Aachen	Fachhochschule Aachen Fachbereich Wirtschaft
Bochum	Chip GmbH (an der Ruhr-Uni)
Bochum	Transferstelle der Ruhr-Universität
Freiburg im Breisgau	Gründerverbund Freiburg: Campus Technologies Oberrhein
Hattingen	Chip Cooperationsgesellschaft Hochschulen und industrielle Praxis
Karlsruhe	Gründerverbund Karlsruhe, Campus im CyberForum e.V.
Osnabrück	Technologie-Kontaktstelle der Fachhochschule Osnabrück und der Universität Osnabrück
Stuttgart	Gründerverbund Hohenheim
Stuttgart	Universität Hohenheim
Stuttgart	Gründerverbund Stuttgart: Technologie-Transfer-Initiative GmbH
Ulm	Gründerverbund Ulm: Universität Ulm

Daneben existieren in den regionalen Netzwerken natürlich umfangreichere Beratungs- und Fördereinrichtungen, an denen die Universitäten beteiligt sind (siehe Seite 154 ff.).

Die Präsentation einer Geschäftsidee

An dieser Stelle finden Sie das Beispiel der Präsentation einer Geschäftsidee, die Sie Ihrer Bank vorstellen. In der Regel umfassen diese Präsentationen tatsächlich nicht mehr als 20 Seiten, davon bis zu 7 Seiten Text.

BEISPIEL

Geschäftsidee

CityScape

3. Juni 2000

Vertraulich

Diese Geschäftsidee ist vertraulich. Ohne vorherige schriftliche Genehmigung der Erfinder von CityScape dürfen weder die Geschäftsidee selbst noch einzelne Informationen aus der Beschreibung reproduziert oder an Dritte weitergegeben werden.

Geschäftsidee CityScape

Das Problem
Lokale Informationen sind im Internet nur mühsam auffindbar.
Das Internet (insbesondere das „World Wide Web" [www]) hat sich als Basis des weltweiten „Information Superhighway" und des elektronischen Marktes etabliert. Weil die Zahl der www-Benutzer sehr rasch zunimmt, suchen viele Unternehmen nach Wegen, die Vorteile dieses neuen Vertriebskanals zu nutzen. Für die Benutzer wird es andererseits immer schwieriger, gewünschte Informationen einfach und schnell zu finden, weil sich auch die Zahl der An-

bieter und die Menge der angebotenen Informationen explosionsartig vermehren. Zudem besteht für kleine, lokal ausgerichtete Unternehmen bisher kein einfacher Zugang zum World Wide Web, der es ihnen erlauben würde, das Internet ohne großen Aufwand und mit finanziellem Erfolg zu nutzen.

Die Lösung
- neuartige Bündelung und Organisation der Lokalinformationen

CityScape löst dieses Problem. Es ist zugleich ein interaktives www-Verzeichnis und eine kommerzielle Plattform für kleine und mittlere Unternehmen. Charakteristisch für CityScape sind zwei Nutzerdefinitionen:
- CityScape organisiert auf leicht verständliche Weise Alltagsinformationen zu Veranstaltungen, lokale Events, Restaurants und Kinos, Adressen, aber auch kommerzielle Informationen über lokale Geschäfte und deren Angebote;
- CityScape dient lokalen Geschäften als Kanal für Werbung und Verkauf ihrer Angebote. Dieser Service reicht vom Eintrag einer Kontaktadresse (analog den Gelben Seiten) bis hin zum Einrichten kompletter interaktiver Verkaufskataloge mit elektronischer Abwicklung von Transaktionen.

Das Innovative an CityScape (im Vergleich zu bestehenden Internet-Produkten) ist die Zusammenfassung von Alltagsinformationen, die üblicherweise verstreut aus Zeitungen, Telefonbüchern und Radio/TV zusammengesucht werden müssen, in einfach zu benutzender Weise. Innovativ ist zugleich die Form, wie CityScape es auch kleineren und mittleren Unternehmen ermöglicht, im Internet präsent zu sein und es für ihre Geschäftstätigkeit zu nutzen.

Der Markt
- Rund fünf Millionen Kleinfirmen als potenzielle Kunden

Erste Analysen von Statistiken über Deutschland und angrenzende Länder (CH, A, F) zeigen, dass fünf Millionen kleinere und mittlere Unternehmen als potenzielle Kunden infrage kommen. Bei durchschnittlich 500 DM Umsatz pro Jahr/Unternehmen ergibt sich ein Gesamtmarktvolumen von mehr als 2,5 Millionen DM. Wir glauben, dass CityScape mit Preisen ab 50 DM pro Monat für die angeschlossenen Unternehmen ein attraktives Angebot ist und langfristig für Investoren finanziell interessant sein kann.

Konkurrenz für CityScape entsteht zum einen durch herkömmliche Informationsquellen wie Zeitungen und Gelbe Seiten. Gegenüber diesen Kanälen haben wir dank der Interaktivität und der Multimedia-Möglichkeiten des WWW bedeutende Vorteile. Weitere Konkurrenten sind andere Unternehmen, die bereits verschiedene Services für das Internet anbieten. Gegen diese Konkurrenten werden wir uns mit schneller Umsetzung und Verbreitung von CityScape und konsequenter Ausrichtung auf unser Technologie- und Vetriebs-Know-how durchsetzen.

Die Ertragsmechanik
■ Monatliche Abonnementsgebühren für Serviceangebote

Die Nutzung von CityScape ist für alle Endbenutzer (Konsumenten) kostenlos. Wenn in genügender Zahl vorhanden, schaffen sie den Anreiz für Gewerbe und Betriebe, gegen eine Gebühr auf CityScape präsent zu sein. Die Gebühren teilen sich auf in – je nach gewähltem Service-Angebot – eine einmalige Installationsgebühr und monatliche Abonnementsgebühren. CityScape ist spezialisiert auf das Marketing und den Verkauf an Endbenutzer und lokale Unternehmen sowie auf Intergration bestehender Internet-Technologien („Search-Engines", Transaktionsabwicklung etc.). Der Zugang zum Internet und der Unterhalt der Computer-Infrastruktur werden an lokale Internet-Anbieter fremdvergeben. CityScape wird als Erstes in Städten und Regionen mit hoher WWW-Verbreitung eingeführt. Ziel ist, CityScape zum De-facto-Standard für lokales Informationsmanagement und die Abwicklung von Geschäftstransaktionen des lokalen und regionalen Gewerbes zu etablieren.

(Aus: Planen, gründen, wachsen. Verlag Ueberreiter 1999, Zürich.)

Beispiele für erfolgreiche Geschäftsideen

Die zwei folgenden Beispiele aus Berlin/Brandenburg zeigen, wie erfolgreich junge Unternehmen innerhalb kürzester Zeit sein können, wenn Idee und Businessplan übereinstimmen.

BioShape AG

Die BioShape AG hat ein Verfahren entwickelt, mit dem das Ergebnis von Laseroperationen am Auge sicherer wird. Bis zum heutigen Zeitpunkt wird die Hornhautoberfläche vor und nach einer Operation nur annäherungsweise vermessen. Dabei wird derzeit nicht berücksichtigt, dass jede Hornhaut auf Laserimpulse reagiert. Zur Sicherheit werden daher die meisten Patienten unterkorrigiert, um später stärker behindernde Überkorrekturen zu vermeiden. Daher tragen bis zu 30 Prozent der mit Laser korrigierten Patienten auch nach der Operation noch manchmal eine Brille.

Das Verfahren von BioShape ermöglicht erstmals eine Vermessung der Hornhaut während der Operation. Dadurch kann jederzeit der Fortgang der Behandlung überprüft werden. Fehlerkorrekturen aufgrund falscher Voraussetzungen treten nicht mehr auf, da keine Standardhornhaut, sondern individuelle Gewebeeigenschaften den Behandlungsverlauf bestimmen. Kennen gelernt haben sich die beiden Firmengründer über das Internetforum des Businessplan-Wettbewerbs: „Idee vorhanden – BWL-kundigen Partner gesucht". Das Unternehmen hat, wie auch einige andere Teams, hier im Wettbewerb seinen Kapitalgeber gefunden. Im Juli 1999 wurde mit der Implementierung des Systems in einen kommerziellen medizinischen Laser begonnen. Für Ende 1999 war geplant, erste Operationen mit dem neuen Messverfahren durchzuführen.

Der Ursprung: Wettbewerb im Internet

Cortologic AG

Die Cortologic AG (Gewinner des Businessplan-Wettbewerbs '99) stellt intelligente Chips für die Sprachverarbeitung her. Die Idee zur Unternehmensgründung entstand während des Businessplan-Wettbewerbs '98. Mit Hochdruck arbeiteten die angehenden Gründer nicht nur an ihrem Businessplan, sondern auch an der Entwicklung eines Neurochips für die Sprachverarbeitung.

Kapitalgeber war Sponsor des Wettbewerbs

Beim Businessplan-Wettbewerb '98 belegte das Team den dritten Platz. Schon während des Wettbewerbs hielten die Jungunternehmer Ausschau nach einem kompetenten und flexiblen Kapitalgeber und fanden diesen unter den Sponsoren des Businessplan-Wettbewerbs.

Ende 1998 erreichte die Cortologic AG beim Gründungswettbewerb „Start-up" den 2. Platz auf Landesebene. Bei der folgenden Endausscheidung auf Bundesebene wurde das Gründungsteam von Bundespräsident Herzog in Hamburg mit dem 4. Platz ausgezeichnet.

Die Cortologic AG zählt mittlerweile (einschließlich der vier Gründer Andreas Loddenkötter, Dietmar Ruwitsch, Ilse Schebesch und Detlef Schweng) 16 Mitarbeiter. Zur Zeit arbeitet das ganze Team an einer ersten Produktlösung, einem Modul für Geräuschunterdrückung und Spracherkennung für Autofreisprechanlagen. Durch den „Cortologic Noise Supressor" kann mithilfe eines Neurochips Sprache von Hintergrundgeräuschen unterschieden werden. Dadurch wird die Verständlichkeit der Sprache beim Telefonieren mit einer Freispracheinrichtung deutlich erhöht.

Effiziente Geräuschunterdrückung ist aber auch in allen Anwendungen der Spracherkennung notwendig. Handelsübliche Spracherkennungssysteme arbeiten häufig nur in geräuschfreier Umgebung einwandfrei, während das „Cortologic Verbal Interface" auch unter realistischen Bedingungen ausgezeichnet funktioniert. Der Börsengang ist für das Jahr 2001 geplant.

Der „Start-up-Wettbewerb"

Auch der Start-up-Wettbewerb bietet Beispiele dafür, wie junge Unternehmen mit guten Ideen den Weg in die Selbstständigkeit wagen und dabei Erfolg haben:

Beispiele für neue Geschäftsideen

GFD: Diamanten-Fieber

Zwei Ulmer entwickeln neue Diamanten-Skalpelle für die Mikrochirurgie. Die Werkzeuge sind besser und billiger als alle bisherigen Operations-Messer.

Die richtige Geschäftsidee

EPIDAUROS: Gene testen
Ein Medikament – drei Wirkungen. Mit neuem Gen-Test will Günter Heinrich Patienten und Pharmabranche helfen, Medikamente besser einzusetzen.

Seccor: High Security
Seccor macht Türen einbruchsicher. Mit elektronischen Schlössern, die einfach auf das bisherige Schloss aufgesetzt werden.

Easy Health: Überraschungs-Ei
Schlemmen ohne schlechtes Gewissen. Martin Jackeschky hat das cholesterinarme Ei.

DCC: Fach-Chinesisch
Chinesisch kommt Computern spanisch vor. Jetzt macht DCC Geräte mit elektronischen Anzeigen fit für den asiatischen Markt.

Ampere: Die Strom-Broker
Zwei Berliner verschaffen kleinen Unternehmen große Rabatte beim Strom.

DENC: Technik-Profis
Wer Produkte fertigt, braucht Modelle. DENC hilft Firmen beim Umstieg auf die virtuelle Produktentwicklung.

Denkmal-Bund: Hilfe für Burgherren
Viele Jahre hat Tilla Freiin von der Goltz die Marksburg geleitet. Jetzt berät sie andere Denkmalbesitzer.

Hock GmbH: Thermo-Hanf
Bauen mit gutem Gewissen. Carmen Hock-Heyl produziert Dämmung aus Hanf.

Wege in die Selbstständigkeit

Individuelle Vorbedingungen

Es gibt für Sie verschiedene Wege, mit denen Sie Ihren Weg in die Selbstständigkeit beschreiten können. Sicherlich hängt Ihr persönlicher Weg von Ihren persönlichen Voraussetzungen ab:
- Über wie viel Eigenkapital verfügen Sie?
- Mit welcher Produktidee gehen Sie an den Markt?
- An welcher Universität/Fachhochschule studieren Sie und in welchem Bundesland?
- Aus welcher Fachrichtung kommen Sie?
- Wollen Sie allein oder mit anderen ein Unternehmen gründen?

Unis starten Gründungsoffensive

An einigen Hochschulen in der Bundesrepublik wird Gründungsmanagement an den Hochschulen bereits gelehrt. Vor allem in Nordrhein-Westfalen, Hamburg, Berlin/Brandenburg engagieren sich Hochschulen und Universitäten für Existenzgründer. So hat die Hochschule Siegen (NRW) eine „Gründungsoffensive" gestartet, die 1998 begonnen wurde und noch 2000 abgeschlossen sein soll. Kernpunkt ist ein Lehrangebot „Unternehmensgründung" am Fachbereich Wirtschaftswissenschaften, mit dem allen Interessierten die Grundlagen der Unternehmensgründung und des Managements der einzelnen Gründungsphasen vermittelt werden sollen. Die Technische Universität Hamburg-Harburg bietet „Gründerjobs" an, auf die in einem gesonderten Kapitel noch einmal eingegangen wird. Die Universitäten in Berlin und Brandenburg veranstalten „Businessplan-Wettbewerbe", die mit attraktiven Geldpreisen Studenten locken sollen, den Weg in die Selbstständigkeit zu gehen. (Unter dem Kapitel „Regionale Netzwerke" finden Sie Adressen und Ansprechpartner an den Hochschulen im Bundesgebiet.)

UNSER TIPP Unabhängig davon, welche Fachrichtung Sie studieren: Erkundigen Sie sich an Ihrer Universität oder Hochschule über Lehrangebote für Gründer. Oft wird dieses Thema nicht in Seminaren, sondern in Sommer-Universitäten oder Ringvorlesungen behandelt.

Insbesondere für technische oder Multimedia-Studiengänge, aber auch für Naturwissenschaftler ist es interessant, studienbegleitend in einschlägigen Unternehmen zu arbeiten. Sie bekommen Einblick in die betriebliche Praxis, können Produkt- oder Konzeptideen mit Experten diskutieren. Achten Sie aber darauf, dass Sie sich nicht einseitig auf Ihr Vorhaben vorbereiten. Eine gute Produktidee sagt noch nichts über Sie als Kaufmann aus.

Studentenbegleitende Erfahrungen

UNSER TIPP Sie können über die Handelskammer oder über die regionalen Netzwerke (siehe Seite 156 ff.) Seminarangebote erfragen, in denen Sie schon während des Studiums kaufmännische Grundlagen erwerben können. Mitunter bieten die regionalen Netzwerke auch selbst solche Seminare an.

Die unterschiedlichen Gründungsarten

Neugründung

Eine Unternehmensneugründung bedeutet Start bei Null. Marktanteile müssen Schritt für Schritt erobert, gefestigt und ausgebaut werden. Sie ist vielleicht die schwierigste Gründungsform, da hier die Bandbreite von Chancen und Risiken am größten ist.
Weiterhin entscheidend ist, ob Sie die Gründung mit oder ohne Partner planen. Eine Partnerschaft kann Beteiligung, Mitbestimmung oder lediglich Lastenteilung bedeuten. Vertragspartnerschaften haben überdies besondere Vorteile, da es zu einer sinnvollen Form von Arbeitsteilung kommen kann. Außerdem sind womöglich erste Kunden für den Neugründer akquiriert. Der Nachteil ist im Abhängigkeitsverhältnis zu sehen. Partner können im weiteren Sinn auch Kapitalbeteiligungsgesellschaften und Franchiseunternehmen sein. Beteiligen Sie sich als Jungunternehmer bei anderen Unternehmen, ist das auch eine Form der Existenzgründung.

Mit Partnern oder allein?

UNSER TIPP Grundsätzlich gilt bei der Gründung mit Partnern: Der Gesellschaftsvertrag sollte mit Beratern aufgesetzt werden, um sicherzugehen, dass nachträglich aufkommende Meinungsverschiedenheiten, in privater und betrieblicher Hinsicht, immer im Sinne des Unternehmens rechtlich abgesichert sind.

Betriebsübernahme

Eine Betriebsübernahme ist grundsätzlich nicht weniger Aufwand für den Existenzgründer. Sieht man von dem meist höheren Kapitaleinsatz ab, kann eine Betriebsübernahme nahezu übergangslos organisiert werden. Bei Betriebsübernahme innerhalb der eigenen Familie liegt der Vorteil in der fließenden Übergabephase. Bei Übernahme von fremden Betrieben hingegen ist ein Vorteil in der Unbefangenheit der Betriebsführung zu sehen. Grundsätzlich ist auch hier alles im Sinne der Unternehmung vertraglich festzusetzen. Dies trifft auch auf den Privatbereich des neuen Unternehmers zu. Die zuständigen Kammern sind dabei besonders hilfreich. Sie beraten (meist kostenlos) bei der Betriebsauswahl, bei der Planung und der eigentlichen Übernahme. Die Kammern verfügen über entscheidende Wirtschafts- und Marktdaten. Der erste Weg ist deshalb zur örtlichen IHK, HWK oder zu den zuständigen Fachverbänden.

Unterstützung durch die Kammern

Beteiligung

Nur für Gründer mit Kapitalpolster geeignet, z. B. als stiller Teilhaber. Beteiligen sich jedoch Gesellschaften am neuen Unternehmen, so muss klar sein, dass irgendeine Form der Renditeausschüttung der Grund dafür ist. Für innovative mittelständische Unternehmen oder die, die es werden wollen, stellen Venture-Capital-Gesellschaften Geld und Know-how zur Verfügung.

Franchising

Franchising bedeutet, vom Know-how anderer zu profitieren. Im konkreten Fall kaufen Sie als der Franchisenehmer ein fertiges Konzept von einem Franchisegeber. Beim Franchise-Verfahren liefert ein Unternehmen (Franchisegeber), Name, Marke, Know-how und Marketing. Franchisenehmer sind rechtlich und wirtschaftlich selbstständig. Franchising wird heute in nahezu allen Branchen angeboten. Die Wahl des Partners sollte auf jeden Fall mit einem Berater diskutiert werden. Ein grundsätzlich positives Zeichen ist, wenn der Franchisegeber Mitglied im Deutschen Franchise-Verband ist. Partner zur Beratung sind auch hier die Kammern, Kreditinstitute und der Deutsche Franchise-Verband. Ausführliche Informationen sowie konkrete Franchiseangebote erhalten Sie auch unter „www.franchise-euro.com" im Internet.

Positiv: Mitgliedschaft im Verband

Die Rechtsform Ihres Unternehmens

Die Frage der Rechtsform spielt für Sie bei der Unternehmensgründung eine zentrale Rolle. Denn damit sind viele Aspekte verbunden, die für die längerfristige Existenz wichtig sind, wie zum Beispiel:
- die steuerliche Behandlung Ihres Unternehmens;
- das Haftungsrisiko;
- die Eigentumsverhältnisse;
- die Nachfolgeregelung;
- Buchführung und Bilanzierung.

Für die Wahl Ihrer Rechtsform bieten sich verschiedene Alternativen an. Sie sollten, bevor Sie sich auf eine Rechtsform einlassen, die Vor- und Nachteile gründlich prüfen, die wirtschaftlichen, steuerlichen und rechtlichen Auswirkungen mithilfe fachkundiger Experten (Kammern, Steuerberater, Wirtschaftsprüfer, Rechtsanwälte) abklopfen. Zunächst sollten Sie sich folgende Fragen beantworten:
- Wollen Sie Ihr Unternehmen allein oder mit Partnern gründen?
- Können Sie das nötige Know-how und Kapital allein aufbringen oder benötigen Sie fremde Unterstützung?
- Legen Sie besonderen Wert auf den Firmennamen?
- Wie hoch ist der Gründungs- und Verwaltungsaufwand?
- Auf welche Größe haben Sie Ihr Unternehmen angelegt?

Expertenrat einholen

BGB-Gesellschaft

Insbesondere aus der Beantwortung der letzten Frage ergibt sich schon eine Vorantwort über die Rechtsform des Unternehmens, das Sie gründen wollen. Denn sollte Ihr Unternehmen keinen in kaufmännischer Weise eingerichteten Geschäftsbetrieb erfordern, gelten Sie als Kleingewerbetreibender und müssen sich nicht in das Handelsregister eintragen lassen. Dies gilt auch, wenn Sie in einem kleingewerblichen Rahmen mit einem oder mehreren Partnern zusammenarbeiten und somit automatisch eine Gesellschaft bürgerlichen Rechts (BGB-Gesellschaft) bilden. Diese Form wird viel von Journalistenbüros, Grafikern, Fotografen und Angehörigen anderer kreativer Berufe gewählt. Grundlage in diesen Fällen ist das Bürgerliche Gesetzbuch, nicht das Handelsgesetzbuch. Jeder Angehörige dieses Zusammenschlusses haftet bei einer BGB-Gesellschaft persönlich und uneingeschränkt mit seinem gesamten Vermögen. Im Geschäftsverkehr treten Sie nicht unter einem Firmennamen, sondern mit Vor- und Zunamen auf. Dies gilt bei Zusammenschlüssen von mehreren Personen für alle Gesellschafter. Nach neuem Firmenrecht können Sie sich allerdings freiwillig ins Handelsregister eintragen lassen und erlangen dadurch die rechtliche Eigenschaft eines Kaufmanns.

Freiwillige Eintragung ins Handelsregister möglich

Kaufmann

Wenn Sie als Unternehmer in einem kaufmännisch ausgerichteten Unternehmen arbeiten, müssen Sie sich in das Handelsregister eintragen lassen. Hierbei kommt es auf das Gesamtbild Ihres Unternehmens an. Wichtige Kriterien sind

- die Höhe der Umsätze und des Gewinns;
- eine doppelte Buchführung;
- der Anzahl der Mitarbeiter, Kunden und Lieferanten;
- die Vielfalt der Erzeugnisse und Leistungen;
- die Teilnahme am Wechselverkehr;
- Ihr Vermögen;
- die Zahl der Betriebsstätten.

Kriterien für verpflichtende Eintragung ins Handelsregister

Für Sie als Einzelkaufmann gelten die Regelungen des Handelsgesetzbuches. Besonders wichtig: Die richtige Firmierung Ihres

Unternehmens. Sie können einen Firmennamen wählen, der eine Sachbezeichnung enthält, einen Fantasienamen oder aber Ihren Namen. Die Bezeichnung muss sich aber von anderen Unternehmen abheben und darf nicht irreführend sein.

Offene Handelsgesellschaft (OHG)
Die OHG zählt zu den klassischen Gesellschaften des Handelsrechts und wird in das Handelsregister eingetragen. Jeder Gesellschafter haftet persönlich und uneingeschränkt für alle Verpflichtungen, die er oder seine Partner für die Gesellschaft eingehen.

Kommanditgesellschaft (KG)
Im Unterschied zu einer OHG dient die KG einer gewissen Haftungsbeschränkung. Und zwar dadurch, dass sie mindestens einen voll haftenden Gesellschafter (Komplementär) hat und mindestens einen Kommanditisten, der nur in der Höhe seiner Einlage, also beschränkt, haftet. Insbesondere Familienunternehmen bevorzugen diese Rechtsform, in denen ein oder zwei Personen die volle Haftung, dafür aber auch die Geschäftsführung übernehmen. Kommanditisten erhalten aus den Erträgen der Gesellschaft eine Verzinsung ihrer Einlagen oder aber Gewinnanteile.

Gesellschaft mit beschränkter Haftung (GmbH)
Die GmbH ist die populärste Rechtsform unter den Kapitalgesellschaften. In der GmbH haften die Gesellschafter in der Regel nur mit der Höhe ihrer Einlagen und nicht mit ihrem Privatvermögen, was sie von den bisher erwähnten Rechtsformen unterscheidet. Die Gründung und Betriebsführung erfordern aber einen gewissen Aufwand, auch die Haftungsbeschränkung lässt sich nicht immer durchhalten. Dies gilt dann, wenn Banken für die Aufnahme von Investitionskrediten Sicherheiten verlangen, für die die Gesellschafter dann persönlich haften müssen. Eine Gefahr besteht auch darin, dass Verluste in der Anlaufphase eines Existenzgründungsunternehmens in den Konkurs führen können. Da diese Rechtsform trotz der mit ihr verbundenen Risiken insbesondere von Existenzgründern am häufigsten gewählt wird, ist der GmbH ein eigenes Kapitel gewidmet (siehe Seite 31 ff.).

Relativ hoher Gründungsaufwand

Die Rechtsform Ihres Unternehmens

GmbH & Co. KG

Diese Gesellschaftsform kombiniert die Vorteile der KG und der GmbH. Sie ist eine Kommanditgesellschaft, in der in der Regel der einzige voll haftende Gesellschafter eine GmbH ist. Sie stellt in diesem Fall den Komplementär dar und führt die Geschäfte der Kommanditgesellschaft. Die Firma muss den Zusatz GmbH & Co. KG tragen.

Partnerschaftsgesellschaft

Maßgeschneidert für Freiberufler

Diese Rechtsform ist maßgeschneidert für die gemeinsame Berufsausübung von Freiberuflern. Neben dem Abschluss eines Gesellschaftsvertrages, der aus Gründen der Rechtssicherheit schriftlich erfolgen muss, ist die Eintragung in ein bei den Amtsgerichten geführtes Partnerschaftsregister erforderlich. Die Firma der Partnerschaft muss neben dem Namen mindestens eines Partners den Zusatz „und Partner" oder „Partnerschaft" enthalten. Auch die Aufführung aller in der Partnerschaft enthaltenen Berufsbezeichnungen ist erforderlich, nicht nötig ist die Aufführung von Vornamen. Neben dem Vermögen der Partnerschaft haften gesamtschuldnerisch auch die einzelnen Partner mit ihrem Vermögen. Diese Haftung kann jedoch per Vertrag auf denjenigen Partner beschränkt werden, der innerhalb des Unternehmens die Leistung erbracht oder geleitet hat.

UNSER TIPP Bevor Sie sich für eine Rechtsform Ihres neu zu gründenden Unternehmens entscheiden, lassen Sie sich ausführlich von der Rechtsabteilung ihrer zuständigen Handelskammer beraten. Oft sind es Kleinigkeiten, die Sie für nicht wichtig halten oder einfach nicht berücksichtigt haben, die im Einzelfall aber zum Scheitern Ihres Unternehmens führen können. Die Kammern können Ihnen für Ihre Entscheidung wertvolle Tipps und Hinweise geben.

Mehr über die GmbH

Die GmbH ist schon 1892 ins Leben gerufen worden, damit neben Aktiengesellschaften eine Rechtsform ohne persönliche Haftung zur Verfügung steht. Damals – wie heute auch – diente diese Rechtsform der Ausbreitung von Firmengründungen, da das Unternehmerdasein auf breitere Bevölkerungschichten verteilt werden sollte. Das Haftungsrisiko ist grundsätzlich auf das Vermögen der GmbH beschränkt. Haben alle Gesellschafter ihre Einlageverpflichtung voll erbracht, haften sie nur dann darüber hinaus, wenn sie unerlaubte oder gar kriminelle Handlungen begangen haben. Sie als wirtschaftlicher Eigentümer sind nicht verpflichtet, die Geschäftsführung und die damit verbundene Verantwortung selbst zu übernehmen. Sie können Geschäftsführer berufen oder einstellen und entlassen, wenn nichts anderes vereinbart wird. Die Nachfolgeregelung im Falle des Ausscheidens eines der Gesellschafter ist einfach. Die Geschäftsanteile können an die anderen Gesellschafter verkauft oder vererbt werden, sofern nicht eine Regelung im Gesellschaftervertrag diese Möglichkeit ausschließt, weil der Verbleib der Anteile in der Gesellschaft gesichert werden soll. Die Nachteile der GmbH liegen in der aufwendigen Buchführung und Bilanzierung. Außerdem unterliegt die GmbH der Körperschaftssteuer.

Nachteile einer GmbH

UNSER TIPP Prüfen Sie zunächst, ob Sie sich den umfangreichen Buchführungs- und Bilanzierungsaufgaben gewachsen fühlen. Beraten Sie sich mit qualifizierten Fachleuten über den tatsächlichen Aufwand, der auf Sie zukommt. Lassen Sie sich nicht von den Vorteilen einer GmbH täuschen, um dann nach kurzer Zeit aufgrund mangelhafter Geschäftsführung Konkurs anmelden zu müssen.

Was ist eine GmbH?

Durch die Gründung einer GmbH entsteht eine juristische Person mit eigenen Rechten und Pflichten und einem eigenen Namen. Die Rechte und Pflichten bestehen losgelöst von den Gesellschaftern:

- Sie kann ein Grundstück oder andere Vermögenswerte erstehen
- Sie kann, vertreten durch ihre Geschäftsführer, selbst klagen oder verklagt werden
- Sie besitzt ein eigenes Vermögen, das von dem Vermögen der Gesellschafter getrennt ist.

Das Vermögen der GmbH entsteht durch die Einlagen der Gründer, die aus Sachwerten oder Geldbeträgen bestehen können. Nach dem Wert der eingebrachten Anteile richtet sich auch in der Regel der Gewinn, den die einzelnen Gesellschafter aus der GmbH ziehen. Haben Sie zum Beispiel 50 Prozent des Gesamtvermögens der GmbH eingebracht, stehen Ihnen in der Regel auch 50 Prozent des Gewinns zu. Der Gesellschafter haftet im Falle einer negativen Entwicklung auch nur bis zu der Höhe seiner Einlage.

Der Gesellschaftsvertrag

Sie können alleine eine Ein-Personen GmbH oder gemeinsam mit Partnern eine Mehr-Personen GmbH gründen. Neben Personen können auch Gesellschaften Gesellschafter einer GmbH sein.

Erster Schritt zur Gründung

Der erste Schritt zur Gründung einer GmbH ist der Abschluss eines Gesellschaftsvertrages zwischen den Gesellschaftern. Der Vertrag muss schriftlich erstellt werden, bestimmte gesetzliche Angaben enthalten, notariell beurkundet und von allen Gesellschaftern unterschrieben werden. Wenn ein Gesellschafter bei der Vertragsunterzeichnung nicht anwesend sein kann, kann er sich durch einen Bevollmächtigten vertreten lassen. Dies verursacht aber weitere Kosten, da die Vollmacht ebenfalls notariell beglaubigt sein muss. Der Gesellschaftsvertrag muss enthalten:
1. Die Firma der GmbH
2. Den Sitz der Gesellschaft
3. Den Gegenstand des Unternehmens
4. Das Stammkapital und die Höhe der Einlagen.

1. Die Firma der GmbH

Die Firma ist der Name der GmbH, unter dem sie im Handelsregister eingetragen ist und im Geschäftsverkehr auftritt. Dem Firmennamen ist entweder die Bezeichnung „mit beschränkter

Haftung" oder das Kürzel „GmbH" hinzuzufügen. Hier einige Beispiele für mögliche Firmenbezeichnungen:

- Sie können Ihre Firma unter Ihrem Namen gründen und setzen die Bezeichnung GmbH dahinter: „Walter Mommann GmbH".
- Sie können Ihre Firma mit einer Sachbezeichnung benennen, je nach Gegenstand Ihres Unternehmenszweckes: „Biotech GmbH". Da jedoch in einem solchen Fall Verwechslungen mit anderen Unternehmen aus der gleichen Branche an der Tagesordnung wären, benötigen Sie einen Zusatz, der entweder in der Verwendung von mindestens drei Buchstaben besteht „TCI Biotech GmbH" oder in einem Fantasienamen: „Balu Biotech GmbH".
- Sie können Ihr Unternehmen auch mit einem reinen Fantasienamen ausstatten: „Regenbogen GmbH".
- Sie können eine Kombination aus Sach-, Personen- und Fantasienamen bilden: „Mommann Regenbogen Biotech GmbH". Achten Sie aber darauf, dass der Firmenname nicht zu spielerisch oder unernst wirkt, dies kann potenzielle Kunden abschrecken, weil Ihnen mangelnde Seriosität unterstellt wird.

Namensbeispiele

UNSER TIPP Erkundigen Sie sich vor der Festlegung Ihres Firmennamens bei der Handelskammer, ob es ein Unternehmen mit gleichem oder ähnlichem Firmennamen schon gibt. Das erspart Ihnen möglicherweise kostspielige Änderungen des Gesellschaftsvertrages.

2. Sitz der Gesellschaft

Den Sitz Ihres Unternehmens können Sie frei wählen. Fehlt allerdings jeglicher Bezug der Gesellschaft zum gewählten Ort, ist diese Sitzbegründung willkürlich und damit nicht zulässig. Willkürlich in diesem Zusammenhang bedeutet, dass entweder der Sitz der Geschäftsleitung, der Verwaltung, der Produktion oder sonstiger wichtiger Betriebsstätten an dem Gründungssitz vorhanden sein muss. Sie können also nicht ein Unternehmen in Lausitz anmelden, weil es dort steuerliche Vergünstigungen gibt, alle Ihre Produktions- und Betriebsstätten, den Sitz der Firmenleitung und der Verwaltung im weit entfernten Hamburg haben.

Bezug zum Ort darf nicht willkürlich sein

Mehr über die GmbH   33

3. Gegenstand des Unternehmens

Der beabsichtigte Gegenstand des Unternehmens ist eindeutig zu bezeichnen. Um aber die Gesellschaft nicht zu sehr einzuschränken und ohne Änderungen des Gesellschaftsvertrages Erweiterungen oder Veränderungen der Produktpalette vorzunehmen, wird der Gegenstand in der Regel sehr weit gefasst.

BEISPIEL
> Gegenstand des Unternehmens ist die Herausgabe einer speziellen Fachzeitschrift. Im Gesellschaftsvertrag wird aber nicht von einer Fachzeitschrift, sondern von Druckerzeugnissen geredet, um die Möglichkeit offenzuhalten, auch weitere Zeitungen oder Buchprodukte zu vertreiben.

BEISPIEL
> Gegenstand des Unternehmens ist die Produktion von speziellen Rollstühlen mit besonderer Hebetechnik. Die Bezeichnung im Gesellschaftervertrag lautet aber „Produktion von medizinischen Geräten".

4. Stammkapital/Stammeinlagen

Höhe der Stammeinlage

Die GmbH muss mindestens mit einem Stammkapital von 25 000 Euro ausgestattet sein (noch bis zum 31. Dezember 2000: 50 000 DM). Der genaue Betrag, aus dem das Stammkapital besteht, muss ebenso im Gesellschaftsvertrag benannt sein wie die einzelnen Beträge, die jeder einzelne Gesellschafter in das Stammkapital eingebracht hat (die Stammeinlage). Die Stammeinlagen der einzelnen Gesellschafter können beliebig hoch sein, müssen aber durch 100 DM teilbar sein. Der Mindestbetrag pro Einlage besteht aus 500 DM.

Sie können die Einlagen in unterschiedlicher Form erbringen:
- durch *Bareinlagen*. Das Geld muss bei der Gründung nicht in voller Höhe, sondern nur zu einem Viertel eingezahlt sein. Die Summe aller eingezahlten Bareinlagen (zuzüglich eventueller Sacheinlagen) muss aber mindestens 25 000 DM betragen;
- durch *Sacheinlagen*. Diese können aus Wertgegenständen, Maschinen, Grundstücken, Unternehmen, Computern etc. bestehen, wenn dies im Gesellschaftsvertrag vorher ausdrücklich vereinbart wurde. Dabei müssen die Gegenstände und deren Wert im Gesell-

schaftsvertrag genau bezeichnet werden. Sacheinlagen müssen bei Gründung der GmbH auf jeden Fall in vollem Wert eingebracht werden.

> **BEISPIEL**
>
> Waltraud Höfer beteiligt sich mit 25 000 DM an einer GmbH. Sie möchte diese Summe durch Sacheinlagen einbringen, und zwar durch einen Lkw, den sie von Ihrem Vater geerbt hat (Wert: 20 000 DM) und durch Schmuck (Wert: 5 000 DM). Zum Zeitpunkt der GmbH-Gründung muss sie der Gesellschaft beides vollständig zur Verfügung stellen.

Neben den Dingen, die ein Gesellschaftsvertrag per Gesetz enthalten muss, können die Gesellschafter auch zusätzliche Vereinbarungen in dem Vertrag festschreiben. Dies sind in der Regel:

- Die Dauer der GmbH („Die Gesellschaft besteht bis zum Tode eines der Gründungsgesellschafter");
- Berufung des/der Geschäftsführer;
- Umfang der Vertretungsbefugnis des/der Geschäftsführer. Dies ist wichtig, weil im Falle einer Befugnisübertretung der Geschäftsführer persönlich zur Haftung eines möglicherweise entstandenen Schadens herangezogen werden kann;
- Beschlussfassung der Gesellschafter;
- Einberufung der Gesellschafterversammlung;
- Verteilung der Stimmanteile;
- Verfügung über Geschäftsanteile;
- Vererbung von Geschäftsanteilen;
- Aufstellung des Jahresabschlusses;
- Gewinnverteilung;
- Einziehen von Geschäftsanteilen;
- Ausscheiden von Gesellschaftern und Auseinandersetzungen zwischen Gesellschaftern;
- Verteilung der Gründungskosten;
- Die Schiedsklausel. Diese regelt, dass bei Auseinandersetzungen zwischen Gesellschaftern nicht durch ordentliche Gerichte, sondern durch Schiedsgerichte der Kammern entschieden wird. Dieses Verfahren ist sehr viel billiger als ein ordentliches Gerichtsverfahren.

Zusätzliche Vereinbarungen im Gesellschaftsvertrag

Mehr über die GmbH

Weitere Merkmale einer GmbH
Die Geschäftsführerbestellung

Um als GmbH im Geschäftsverkehr tätig werden zu können, braucht das Unternehmen einen Geschäftsführer, der die GmbH nach außen vertritt. Dieser muss schon bei der Errichtung der Gesellschaft bestellt werden, denn nur er kann die für die weitere Gründungsphase notwendigen Handlungen, insbesondere die Anmeldung zum Handelsregister, vornehmen. Sie können den Geschäftsführer entweder im Gesellschaftsvertrag bestellen oder durch einen gesonderten Gesellschafterbeschluss ernennen.

UNSER TIPP Wählen Sie die zweite Alternative. Bestellen Sie den Geschäftsführer durch einen gesonderten Gesellschafterbeschluss, da sonst bei jedem Wechsel des Geschäftsführers eine Änderung des Gesellschaftsvertrages notwendig ist. Und dies ist teuer.

Bestellung des Geschäftsführers durch Gesellschafterbeschluss

Die jeweils notwendige Beurkundung eines Beschlusses dagegen ist wesentlich billiger. Folgende Fassung, die Ihnen genügend Spielraum für die Bestellung von Geschäftsführern gibt, könnte in dem Gesellschaftsvertrag stehen:

> „Die Gesellschaft wird vertreten, wenn nur ein Geschäftsführer bestellt ist, durch diesen allein. Wenn mehrere Geschäftsführer bestellt sind, durch zwei Geschäftsführer gemeinsam oder durch einen Geschäftsführer gemeinsam mit einem Prokuristen. Die Gesellschaftsversammlung kann einzelnen Alleinvertretungsrecht einräumen oder eine abweichende Vertretungsregelung treffen."

Sie können nur dann Geschäftsführer sein, wenn Sie
- uneingeschränkt geschäftsfähig sind;
- nicht wegen eines Konkursdeliktes (§§ 283 bis 283 d Strafgesetzbuch) in den letzten fünf Jahren verurteilt wurden und
- nicht mit einem den Unternehmensgegenstand der GmbH berührenden Berufs- oder Gewerbeverbot belegt sind.

Einzahlungen der Stammeinlagen

Sie müssen, wenn Sie zum Geschäftsführer bestellt sind, als Erstes dafür sorgen, die Stammeinlagen der Gesellschafter einzufordern und sie auf ein für die GmbH eröffnetes Konto oder ein Treuhandkonto einzahlen. Denn die Anmeldung zum Handelsregister ist erst möglich, wenn die Gesellschafter mindestens ein Viertel ihrer Stammeinlage in bar eingezahlt oder aber ihre Sachwerte in vollem Umfang eingebracht haben.

UNSER TIPP Im Gesellschaftsvertrag kann bestimmt werden, dass die Gesellschafter das Recht haben sollen, über den Betrag der Stammeinlage hinaus die Einforderung von weiteren Einzahlungen zu beschließen. Diese „Nachschusspflicht" kann sich auf einen anteiligen Festbetrag beschränken. Damit haben Sie die Möglichkeit, Stammeinlagen zu erhöhen, ohne dass der Gesellschaftsvertrag geändert werden muss.

Antrag auf Eintragung ins Handelsregister

Ihre GmbH entsteht rechtlich erst mit der Eintragung in das Handelsregister. Das Handelsregister ist ein öffentliches, vom Amtsgericht geführtes Buch mit Urkundencharakter, das über die Rechtsverhältnisse der in seinem Bezirk bestehenden Handelsfirmen Auskunft gibt. Zur Anmeldung der GmbH im Handelsregister ist ausschließlich der Geschäftsführer berechtigt. Bei mehreren Geschäftsführern muss die Anmeldung durch alle erfolgen, auch dann, wenn jeder von ihnen allein zur Vertretung der GmbH berechtigt ist. Die Unterschriften müssen, bevor sie im Handelsregister hinterlegt werden, von einem Notar beglaubigt werden, sonst werden sie nicht anerkannt. Die GmbH muss bei dem Amtsgericht, in dessen Bezirk sie ihren Sitz hat, angemeldet werden.

Folgende Unterlagen müssen Sie zur Anmeldung im Handelsregister beibringen:

- den Gesellschaftsvertrag (ggfs. die Unterzeichnungsvollmachten);
- die Legitimation des Geschäftsführers, soweit nicht bereits durch Gesellschaftsvertrag erfolgt;
- eine Liste über die Höhe der Stammeinlagen eines jeden Gesellschafters mit deren Namen und Anschriften;

Welche Unterlagen sind nötig?

Mehr über die GmbH

- eine Genehmigungsurkunde, wenn der Gegenstand der GmbH der staatlichen Genehmigung bedarf;
- die Versicherung, dass die Leistungen auf die Stammeinlagen bewirkt sind und endgültig zur freien Verfügung der Gesellschafter stehen;
- die Versicherung des Geschäftsführers, dass seiner Bestellung nicht die Verurteilung wegen eines Konkursdeliktes oder ein Berufs- oder Gewerbeverbot entgegenstehen;
- bei Sachgründungen: der von den Gesellschaftern unterschriebene Sachgründungsbericht, in dem sie alle wesentlichen Umstände darlegen, auf die sich ihre Einschätzung des Wertes der Sacheinlagen stützt. Dieser Bericht dient unter anderem dazu, dem Handelsregister die Möglichkeit zu geben, sich von dem tatsächlichen Wert der Sachgegenstände ein detailliertes Bild zu machen;
- Unterlagen, aus denen eindeutig hervorgeht, dass der Wert der Sacheinlagen dem Betrag der dafür übernommenen Stammeinlage entspricht;
- die Verträge, die den Festsetzungen der Sacheinlagen zugrunde liegen oder zu ihrer Ausführung geschlossen worden sind.

UNSER TIPP Die vorstehende Liste ist jährlich zu aktualisieren und jeweils neu dem Handelsregister einzureichen.

Veröffentlichung der Eintragung

Vor der Eintragung prüft das Registergericht zunächst, ob die formellen Voraussetzungen für die Anmeldung erfüllt sind. Dann übersendet Ihnen das Registergericht die Akten der Handelskammer zur gutachterlichen Stellungnahme. Ist dann allen Anforderungen genügt, wird die GmbH in das Handelsregister eingetragen. Der Inhalt der Eintragung wird von Amts wegen im Bundesanzeiger und in weiteren Tageszeitungen, die vom Registergericht bestimmt werden, veröffentlicht.

UNSER TIPP Erst bei der Eintragung in das Handelsregister tritt die von Ihnen ja gewählte „beschränkte Haftung" ein. Bis zu diesem Zeitpunkt können Sie als Gesellschafter für alles, was Sie tun, persönlich in Haftung genommen werden.

Wege in die Selbstständigkeit

Gewerbeanmeldung – staatliche Genehmigung

Wenn Ihre Gesellschaft eine gewerbliche Tätigkeit aufnehmen will, muss das zuständige Ordnungsamt, das Gewerbeamt und das Finanzamt davon unterrichtet werden. Diese Anzeigepflicht ist im § 14 der Gewerbeordnung festgeschrieben. Grundsätzlich besteht dabei nur eine Anzeige-, d. h. Informationspflicht. Für bestimmte gewerbliche Tätigkeiten gibt es aber Ausnahmen (Taxiunternehmer, Güterverkehr, Gaststätten, Grundstücksmakler, Finanzierungsvermittler o. Ä.). Diese Gewerbe sind von einer staatlichen Genehmigung abhängig. Diese ist Voraussetzung für die Eintragung in das Handelsregister. Möglicherweise müssen Sie Ihr Unternehmen auch in die Handwerksrolle bei der zuständigen Handwerkskammer eintragen lassen. Dazu können Sie nähere Informationen bei Ihrer zuständigen Handwerkskammer erhalten.

Ausnahmen von bloßer Informationspflicht

Wie erreichen Sie die Eintragung ins Handelsregister am schnellsten?

Normalerweise vergeht einige Zeit, bis Ihr Unternehmen nach der Anmeldung im Handelsregister eingetragen ist. Sie können dieses Verfahren beschleunigen, wenn Sie folgende Dinge schon im Vorfeld mit der Handelskammer klären:

- wird die Firmenbezeichnung schon von einer anderen GmbH oder einem anderem Unternehmen verwendet?
- sprechen Sie die Formulierung des Unternehmensgegenstandes mit der Handelskammer insbesondere dann ab, wenn es sich um eine genehmigungspflichtige Tätigkeit handelt oder etwas auf diesen Umstand hindeutet.

Besonderheiten der Ein-Personen-GmbH

Sie können eine GmbH auch alleine gründen. Die formalen Voraussetzungen sind die gleichen wie oben beschrieben. Für das Verfahren der Kapitalerbringung gelten jedoch strengere Vorschriften:

- Sie müssen für die Höhe des nicht sofort geleisteten Teils Ihrer Bareinlage eine Sicherheit zugunsten der künftigen GmbH leisten (siehe auch Seite 112);
- Diese Bestimmungen gelten auch, wenn sich in den ersten drei Jahren nach der Handelsregistereintragung einer GmbH mit

Strengere Vorschriften für Kapitalerbringung

Mehr über die GmbH

mehreren Gesellschaftern alle Geschäftsanteile in der Hand eines Gesellschafters vereinigen. Sie müssen in diesem Fall innerhalb von drei Monaten nach der Vereinigung die noch ausstehenden Beträge der Geldeinlagen entweder voll einzahlen oder aber entsprechende Sicherheiten stellen.

Was kostet die Gründung einer GmbH?

Die Gründung einer GmbH ist mit nicht unerheblichen Kosten verbunden, dies sollten Sie unbedingt beachten, wenn Sie eine solche Gründung vorhaben. Wie schon erwähnt, beträgt die Stammeinlage mindestens 25 000 DM. Dieser Grundstock ist jedoch kein totes Kapital; können Sie damit nach der Gründung arbeiten.

Nicht wiederbringbare Kosten entstehen Ihnen aber durch den Notar, durch Beurkundungen, die Anmeldung zum Handelsregister, Schreib- und Postgebühren, Mehrwertsteuer sowie für das Registergericht und die Bekanntmachung in den Tageszeitungen sowie im Bundesanzeiger.

BEISPIEL

Bei einer GmbH-Gründung mit einem Stammkapital von 50 000 DM müssen Sie in etwa mit folgenden Kosten rechnen (Stand: 1. Juli 1998):

Notarkosten:
– Beurkundung des Gesellschaftsvertrages   320,00 DM
– Beurkundung der Geschäftsführerbestellung (ein GF)   80,00 DM
– Anmeldungs zum Handelsregister   80,00 DM
– Schreib- und Postgebühren
– 16 Prozent Mehrwertsteuer

Registergericht: Eintragung in das Handelsregister
(50 000 DM Stammkapital)   160,00 DM
Eintragung in das Handelsregister
(100 000 DM Stammkapital)   260,00 DM
Bekanntmachungen   ca. 500,00 DM
                                  bis 1 000,00 DM

Rechtsanwaltskosten: 1 500,00 DM
Gesamtbelastung: bis zu 3 500,00 DM

Wege in die Selbstständigkeit

UNSER TIPP Sie müssen natürlich keinen Rechtsanwalt hinzuziehen, wenn Sie eine GmbH gründen wollen. Es empfiehlt sich aber dennoch, über einen solchen fachkundigen Beistand nachzudenken, Sie gehen damit möglicherweise auftauchenden Problemen und damit Zeitverzögerungen aus dem Weg.

Welche Angaben gehören auf die Geschäftspapiere?

Auf allen geschäftlichen Papieren müssen die nachstehenden Angaben enthalten sein:
- Vollständige Firma, wie im Handelsregister eingetragen;
- Rechtsform und Sitz der Gesellschaft;
- Registergericht des Sitzes der Gesellschaft;
- Registernummer, unter der die GmbH in das Handelsregister eingetragen ist;
- Die vollen Familiennamen und jeweils ein ausgeschriebener Vorname der Geschäftsführer.

Geschäftspapiere sind:
- Briefpapier;
- Rechnungen;
- Angebotsformulare;
- Quittungen.

BEISPIEL

Regenbogen Biotech GmbH, Hamburg
Registergericht Amtsgericht Hamburg
HRB 1010, Geschäftsführer Paul Petri und Sabine Stern

Gesellschafterversammlungen

Der oder die Geschäftsführer berufen regelmäßig eine Gesellschafterversammlung ein. Die nachstehenden Punkte müssen von einer Gesellschafterversammlung beschlossen werden:

Vorgeschriebene Tagesordnung

- Feststellung der Jahresbilanz;
- Gewinnverteilung;
- Einforderung von Einlagen;
- Rückzahlungen von Nachschüssen;
- Teilung oder Einziehung von Anteilen;
- Bestellung, Abberufung oder Entlastung von Geschäftsführern;

Mehr über die GmbH

- Bestellung von Prokuristen;
- Ersatzansprüche gegenüber Geschäftsführern.

Buchführungs- und Bilanzierungspflicht

Für die GmbH besteht die Pflicht zur Buchführung und Bilanzierung. Die GmbH muss zu Beginn ihrer gewerblichen Tätigkeit sowie zum Schluss eines jeden Geschäftsjahres einen Abschluss aufstellen. Für den Beginn ist es die Eröffnungsbilanz, für das abgelaufene Geschäftsjahr ist es die Bilanz. Diese zeigt das Verhältnis von Vermögen und Schulden an.

Ebenfalls ist zum Ende eines jeden Geschäftsjahres eine Gewinn- und Verlustrechnung aufzustellen. Sie zeigt das Verhältnis von Aufwendungen und Erträgen an.

Je nach Größe der GmbH (siehe Tabelle) unterliegt sie Pflichten zur Veröffentlichung ihrer Bilanzen. Zusätzlich müssen der Jahresabschluss öffentlich erläutert und der Geschäftsverlauf sowie die Lage der Gesellschaft veröffentlicht werden.

Veröffentlichungspflichten einer GmbH			
	Kleine Kapitalgesellschaften	Mittlere	Große
Bilanz	Ja	Ja	Ja
Gewinn- und Verlustrechnung	Nein	Ja	Ja
Anhang	Ja	Ja	Ja
Lagebericht	Nein	Ja	Ja
Aufstellung des Jahresabschlusses	Nach 6 Monaten	Nach 3 Monaten	Nach 3 Monaten
Buchprüfungs-Pflicht	Nein	Ja	Ja
Einreichung des Jahresabschlusses zum Handelsregister/Bundes-Anzeiger	spätestens nach 12 Monaten	spätestens nach 9 Monaten	spätestens nach 9 Monaten

- Kleine Kapitalgesellschaften sind solche, deren Bilanzsumme nicht größer als 5,31 Millionen DM ist, deren Umsatzerlöse nicht mehr als 10,62 Millionen DM betragen und die nicht mehr als 50 Mitarbeiter beschäftigen.
- Mittlere Kapitalgesellschaften sind solche, deren Bilanzsumme nicht größer als 21,24 Millionen DM ist, deren Umsatzerlöse nicht mehr als 42,48 Millionen DM betragen und die weniger als 250 Mitarbeiter beschäftigen.
- Große Kapitalgesellschaften sind solche, deren Bilanzsumme größer als 21,24 Millionen DM ist, deren Umsatzerlöse mehr als 42,48 Millionen DM betragen und die mehr als 250 Mitarbeiter beschäftigen.

Mindestens zwei der drei genannten Merkmale müssen erfüllt sein, damit eine GmbH unter die jeweilige Kategorie fällt.

Gestaltung Ihrer Geschäftsbriefe

Bevor Sie Ihre Geschäftsbriefe drucken lassen, sollten Sie sich noch einmal vergewissern, ob Empfehlungen der Deutschen Post AG, besonders aber alle rechtlich notwendigen Angaben in Ihrem Entwurf berücksichtigt sind. Diese sind im Einzelnen:

Welche Angaben sind rechtlich notwendig?

- Bei nicht im Handelsregister eingetragenen Unternehmen die ausgeschriebenen Vor- und Zunamen der Gewerbetreibenden.
- Bei im Handelsregister eingetragenen Unternehmen die vollständige Firma in Übereinstimmung mit dem im Handelsregister enthaltenen Wortlaut, der Rechtsformzusatz, Sitz der Gesellschaft, das Registergericht des Sitzes der Gesellschaft sowie die Handelsregisternummer.

Das Handelsregister

Das Handelsregister gibt Auskunft über die rechtlichen Verhältnisse eines Unternehmens. Sie können dort kostenlos Einsicht nehmen, wenn Sie sich über genaue Firmenbezeichnungen, Sitz und Gegenstand der Firma, Inhaber oder Gesellschafter, Geschäftsführer und Vertretungsbefugnisse informieren wollen. Auch Angaben zu Kapitalverhältnissen und die Namen der Prokuristen finden sich im Handelsregister. Zu jeder eingetragenen Firma befindet sich ein Auszug aus dem Handelsregister in der Handelskammer.

Der Businessplan

Die entscheidende Frage bei der Gründung von Unternehmen ist die Finanzierung. Ohne Kapital geht es nicht, und selten sind Sie in der Lage, ein solches Vorhaben allein zu finanzieren Sie brauchen daher Investoren. Professionelle Investoren fördern aber nur Projekte, denen ein fundierter Businessplan zugrunde liegt:

Grundlage für Kapitalgeber

- der Businessplan zwingt Sie als Firmengründer, Ihre Geschäftsidee systematisch zu durchdenken;
- er zeigt Ihnen, wo Ihre Wissenslücken liegen und hilft, Ihr Vorhaben in eine planbare Umsetzung hinein zu verfolgen;
- der Businessplan dient als zentrales Kommunikationsinstrument zwischen Ihnen und Ihren Partnern;
- er gibt Ihnen einen Überblick über die Ressourcen, die Sie benötigen und deckt möglicherweise vorhandene Lücken auf;
- und schließlich ist er eine Übung für den Ernstfall: Wenn Sie scheitern, scheitern Sie zu einem Zeitpunkt, der Sie zwar Zeit und Kraft gekostet hat, Sie aber nicht in Schulden stürzt. Späteres Scheitern, wenn Ihr Unternehmen einmal läuft, kann für Sie und Ihre Mitarbeiter schwerwiegendere Folgen haben.

Bausteine eines Businessplans

Ein Businessplan setzt sich aus verschiedenen Bausteinen zusammen. Je strukturierter Sie vorgehen, um so mehr Erfolgsaussichten haben Sie, an Kreditgeber zu kommen. Bevor wir ins Detail gehen, werden die Bestandteile zunächst allgemein vorgestellt.

1. Zusammenfassung
Die Zusammenfassung enthält die wichtigsten Punkte des Businessplans. Formulieren Sie diese nicht als Einführung, sondern als komprimierte Darstellung der folgenden Ausführungen.

Die Kapitalgeber (meistens Banken) schauen sich immer zuerst die Zusammenfassung an. Sie sollte in höchstens zehn Minuten gelesen und verstanden werden können. Gehen Sie deshalb besonders sorgfältig vor. Bedenken Sie, dass sie an dieser Stelle das Interesse des Lesers wecken müssen.

Was in der Zusammenfassung stehen sollte

Die Zusammenfassung sollte folgende Punkte enthalten:
- *Unternehmensgegenstand, Geschäftsidee:* Beschreiben Sie kurz den Gegenstand Ihres Unternehmens, Ihr Leistungsangebot bzw. Ihr Innovationsvorhaben sowie die infrage kommenden Märkte;
- *Erfolgsfaktoren:* Schildern Sie, was das Besondere an Ihrer Geschäftsidee ist und wo die wesentlichen Wettbewerbsvorteile liegen. Gehen Sie dabei auch auf den Kundennutzen und die persönliche Kompetenz des Managements ein;
- *Unternehmensziele:* Verdeutlichen Sie den Hintergrund, die Ziele und die Expansionsmöglichkeiten Ihres Unternehmens. Beschreiben Sie Ihre „Unternehmensvision" dabei optimistisch und zugleich realistisch;
- *Wirtschaftliche Zielgrößen und Kapitalbedarf:* Geben Sie in Form von Eckdaten an, welche Umsatz- und Gewinnziele Sie anstreben und wie hoch der Kapitalbedarf zur Umsetzung Ihrer Ideen ist.

2. Unternehmensgegenstand und rechtliche Verhältnisse

Hier beschreiben Sie die bisherige Entwicklung und gegenwärtige Situation Ihres Unternehmens. Dieser Abschnitt stellt die Basis für die folgenden Bausteine dar und soll dem Kapitalgeber ausreichende Hintergrundinformationen zur Ausgangssituation geben:

Ausgangssituation

- Name, Anschrift, Gründungsdatum;
- Unternehmensgegenstand, Unternehmensentwicklung: Beschreiben Sie den Geschäftszweck Ihres Unternehmens und geben Sie einen kurzen Abriss über die historische Entwicklung;
- Rechtsform, Besitzverhältnisse: Schildern Sie, ob Sie Alleininhaber Ihres Unternehmens sind bzw. sein wollen, oder Ihre Idee mit Partnern verwirklichen werden. Falls Letzteres der Fall ist, stellen Sie die Gesellschafterstruktur (Kapitaleinlage, Haftung, Funktionen im Unternehmen) und die Ziele der einzelnen Gesellschafter dar. Geben Sie an, welche Rechtsform sie aus welchen Gründen gewählt haben.

3. Management und Personal

Für Kapitalgeber ist oft ausschlaggebend, dass ihre Beteiligung vor allem eine Investition in die beteiligten Menschen darstellt. Produkte, Technologien oder Märkte haben zwar auch eine hohe Bedeutung. Letztlich entscheidend für die erfolgreiche Umsetzung der Innovation ist jedoch die unternehmerische und fachliche Kompetenz Ihres Managements. In sämtlichen Bereichen der Unternehmensführung, des Marketings, des Vertriebs, der Produktion, der Entwicklung, der Finanzierung etc. muss Know-how und Kapazität auf Geschäftsleitungsebene vorhanden sein. Sollten Sie Teilbereiche noch nicht abdecken können, erwarten Kapitalgeber Ihre ausdrückliche Bereitschaft, entsprechende Fachleute in die Geschäftsleitung aufzunehmen.

Das „Humankapital"

4. Produkt- und Unternehmenskonzeption

An dieser Stelle beschreiben Sie das Profil Ihres Geschäftsvorhabens. Dieses Geschäftsmodell verdeutlicht, was an wen verkauft, wie der Marktzugang geschaffen und wie eine starke Wettbewerbsposition erreicht werden soll. Zeigen Sie in diesem Zusammenhang auf, worin Ihre besondere Leistung und Ihr Vorteil gegenüber den Wettbewerbern besteht. Gehen Sie auch auf Ihre Unternehmensgrundsätze und die langfristigen Unternehmensziele ein.

Platzierung auf dem Markt

Das Geschäftsmodell enthält auch die Wertschöpfungskette ihres Unternehmens, beginnend mit der Beschaffung, der Entwicklung, der Fertigung bis hin zum Vertrieb. Dabei werden die vor- und nachgelagerten Wertschöpfungsstufen einbezogen (Beschaffungs- und Vertriebspartner). Ihre Kapitalgeber interessieren sich vor allem für die zentralen wertschöpfenden Aktivitäten und Prozesse, auf die Sie sich in Ihren Ausführungen konzentrieren sollten.

Erarbeiten Sie Ihr Unternehmenskonzept

Der nachfolgende Fragenkatalog hilft Ihnen, ein Unternehmenskonzept zu erarbeiten. Ein solches Konzept müssen Sie vorlegen, wenn Sie einen öffentlichen Kredit beantragen wollen.

Aber auch für Sie persönlich ist es wichtig, Ihre Ideen zu systematisieren. Nur so können Sie rechtzeitig herausfinden, ob Ihre Vorstellungen realistisch und umsetzbar sind.

Bausteine

Geschäftsidee und Wettbewerb
- Was ist Ihre Geschäftsidee?
- Branche, z. B. Handel, Industrie, etc.?
- Sortiment/Dienstleistung?
- Preispolitik, z. B. hochpreisig, preiswert, etc.?
- Gründung mit/ohne Partner (Rechtsform)?
- Lieferanten/andere Geschäftsverbindungen?
- Marktlücke/-nische?
- Neuerrichtung/Übernahme/Beteiligung?
- Outsourcing?
- Franchisesystem?
- Welchen Nutzen hat Ihr Angebot? Wie bekannt ist Ihr Produkt/Ihre Dienstleistung?
- Wer sind Ihre Konkurrenten?
- Welchen Service bietet der Wettbewerb?
- Zu welchen Preisen?
- Welchen zusätzlichen Nutzen, welche zusätzliche Leistung und Attraktivität bieten Sie im Unterschied zur Konkurrenz an?
- Informationen zum Standort (insbesondere beim Einzelhandel): Innenstadt, Fußgängerzone, Ia-Lage-Stadtteile, Einkaufszentrum des Stadtteils, Gewerbe-/Industriegebiet, Einzugsgebiet?

Persönliche Voraussetzungen
- Welche Erfahrungen haben Sie in der Branche?
- Welche anderen Qualifikationen haben Sie?
- Haben Sie finanzielle Verpflichtungen?
- Wer hilft Ihnen bei Krankheit/Unfall?

Markteinschätzung
- Wer kommt als Kunde infrage?
- Was sind die Bedürfnisse dieser Kunden?
- Wie groß ist diese Zielgruppe?
- Wie erreichen Sie diese Zielgruppe?
- Sind Sie eventuell von wenigen Großkunden abhängig?
- Haben Sie schon Kundenkontakte?
- Vertrieb: Facheinzelhandel, Versandhandel, Großhandel, Handelsvertreter, eigene Außendienstmitarbeiter?

Marketing
Überlegen Sie, welche Form der Werbung Sie benötigen. Sie sind unterschiedlich kostenintensiv.
- Anzeigen?
- Mailings?
- Handzettel?
- Andere verkaufsfördernde Maßnahmen?
- Telefonakquisition?

Zukunftsaussichten
- Wie könnte die Entwicklung in Ihrer Branche aussehen?
- Wie wird sich die Nachfrage nach Ihrem Angebot entwickeln? Ist es jetzt Mode, bald nicht mehr?
- Gibt es vergleichbare Branchen, an denen Sie sich orientieren können?

Kalkulationen
- Wie viel Kapital brauchen Sie zum Start? (Kostenvoranschläge/Angebote)
- Haben Sie genügend Sicherheiten?
- Wie sieht die Wirtschaftlichkeit in Zahlen aus?
- Wie viel Geld benötigen Sie zum Start?
- Können Sie nach Abzug Ihrer privaten Verpflichtungen und Steuern davon leben?
- Wie stark müssen Sie nachfinanzieren?

5. Markt- und Konkurrenzsituation

Ihr Unternehmen kann nur dann erfolgreich sein, wenn ein aufnahmefähiger Markt für Ihre Produkte bzw. Ihre Innovation vorhanden ist. Weisen Sie deshalb anhand einer Analyse von Branche und Markt die Potenziale nach, die Ihrer Meinung nach Ihr Zielmarkt eröffnet. Ihre Ausführungen sollten Angaben zu Marktgröße, branchentypischen Renditen, Markteintrittsbarrieren, Wettbewerbern, Zulieferern sowie Kunden und Vertriebswegen enthalten. Bei Innovationen und sehr jungen Märkten sind in der Regel noch keine gesicherten Marktzahlen veröffentlicht worden. Sie müssen deshalb andere Wege finden, Ihren Markt zu beschreiben.

Wie aufnahmefähig ist der Markt?

Hierfür ist es meist nicht erforderlich, sich eine – häufig recht kostspielige – Marktstudie erstellen zu lassen. Wenn Sie den Markt selbst „erforschen", sparen Sie nicht nur Zeit, sondern Sie lernen Ihr Marktsegment auch besser kennen und können wichtige Kontakte knüpfen.

Am besten gehen Sie dabei folgendermaßen vor:

Wie Sie den Markt auf eigene Faust erkunden können

- Stellen Sie eine Liste von zu beantwortenden Fragen zusammen und erweitern Sie diese gegebenenfalls;
- Listen Sie auf, welche Informationen Sie für die Beantwortung dieser Fragen benötigen und woher Sie die entsprechenden Daten bekommen können (z. B. Branchenverzeichnisse, Branchenberichte der Banken, Fachzeitschriften, Verbände, Statistische Ämter, IHK, Patentamt, Datenbanken, Internet, Messen, persönliche Kontakte etc.);
- Bereiten Sie einen Fragebogen oder eine Checkliste vor und führen Sie möglichst viele Gespräche mit (potenziellen) Kunden, Lieferanten, Fachleuten etc. Seien Sie dabei kreativ und nutzen Sie alle Informationsmöglichkeiten;
- Konzentrieren Sie sich nicht nur auf Zahlen, sondern beschreiben Sie Ihren Zielmarkt, die Branche und die zukünftig Entwicklung. Stellen Sie dabei heraus, wodurch die beschriebene Entwicklung beeinflusst wird und welche Bedeutung diese Faktoren für Ihr Unternehmen haben.

Erforschen Sie Ihren künftigen Markt sehr genau und so neutral wie möglich. Belegen Sie Ihre Marktforschung anhand von Zahlen, Kennzahlen, Branchenvergleichen. Legen Sie Ihre Informationsquellen so offen wie möglich, damit Ihre Leser die Darstellungen nachvollziehen und überprüfen können.

Klar: Sie haben ein Produkt, eine Dienstleistung, die Sie auf dem Markt verkaufen wollen. Wie lernen Sie nun aber Ihren Markt so gut kennen, dass Sie vorhersagen können, wer die zukünftigen Kunden sind, aus welchen Gründen diese Kunden Ihr Produkt, Ihre Dienstleistung kaufen werden? Nur durch eine fundierte, neutrale Marktanalyse werden Sie in der Lage sein, diesen „Markt" beim Namen nennen zu können. Wie gehen Sie am besten vor? Definieren Sie Ihren Markt: Welche Branche bzw. Branchen werden

Der Businessplan

angesprochen? Versuchen Sie, eine Beschreibung aus Sicht der Lieferanten, aus Sicht Ihrer Kunden, bzw. der Kunden Ihrer Kunden vorzunehmen.
Teilen Sie Ihre Marktuntersuchungen ein in die Bereiche:
- Produkt;
- Konkurrenz;
- Zielgruppe.

Bauen Sie sich einen Bestand an Informationsquellen auf, die in Ihrer Branche wichtig sind. (Branchenverbände, Interessensvereinigungen, Netzwerke, Fachzeitschriften, Communitys, Messen, Hausmessen, Kongresse, Internetquellen, Unternehmenskontakte).
- Kennen Sie die branchentypischen Informationsquellen schon?
- Wie weit sind Sie in eine informelle Branchenstruktur verwoben?
- Welche Marktdaten liegen vor?
- Wo erhalten Sie weitere Marktdaten?

Aufbau eines Archivs

Planen Sie ständige Marktbeobachtungen in Ihren betrieblichen Alltag mit ein, indem Sie die einmal erarbeitete Checkliste zur Marktbeobachtung monatlich aktualisieren. Stellen Sie Ihrer Familie und Ihren Bekannten die Ergebnisse Ihrer Marktuntersuchungen vor. Lassen Sie Ihr Produkt, Ihre Dienstleistung von potenziellen Kunden testen. Entwickeln Sie aus den Marktbeobachtungen eine klare Marketingstrategie, eine klare Positionierung Ihres Produktes, Ihrer Dienstleistung auf dem Markt.

6. Planung

Hier zeigen Sie, ob Ihre Geschäftsidee finanzierbar und rentabel ist. Dazu müssen Sie die Ergebnisse aus den vorherigen Bausteinen zusammentragen. Im Sinne einer besseren Übersichtlichkeit sollten Sie im Text des Businessplans nur Übersichten über die wirtschaftliche Entwicklung des Unternehmens und den Finanzierungsbedarf präsentieren. Detailausarbeitungen stellen Sie bitte in den Anhang.

Zusammenfassung der vorigen Punkte

Bausteine

7. Chancen und Risiken

Junge und rasch wachsende Technologieunternehmen sind häufig durch ausgeprägte Chancen und Risiken gekennzeichnet, die weitreichende Konsequenzen für die Zukunft der Firma haben können. Sie sollten sich deshalb genaue Gedanken über mögliche Risiken machen und entsprechende Entscheidungen oder Maßnahmen vorbereiten. Wenn Sie Risikofaktoren ansprechen, stellen Sie Ihr Unternehmen nicht negativ dar. Beweisen Sie vielmehr, dass Sie kritisch und vorausschauend denken können.

Risiken nicht unter den Tisch kehren

Gestaltungstipps für Ihren Businessplan

Der Businessplan ist das erste Dokument, das Dritten nicht nur inhaltlich zeigt, was Sie drauf haben. Auch wie er optisch daher kommt, sagt mehr über Sie aus als Sie denken. Achten Sie daher auf eine besonders sorgfältige Präsentation – Sie werden so behandelt, wie Sie sich präsentieren!

Form ist Inhalt

Die Inhalte

Grundsätzlich gilt: Nur die wesentlichen Fakten gehören in Ihren Businessplan! Machen Sie also keine Doktorarbeit daraus. Widerstehen Sie der Versuchung, ellenlange Schachtelsätze zu formulieren. Schließlich soll der Leser auch am Ende eines Satzes noch wissen, womit dieser begonnen hat. Dies gilt ganz besonders für technische Details. Kurz und knapp auf den Punkt gebracht, sollte Ihr Businessplan dem Leser einen raschen Einblick in Ihr Vorhaben geben.

UNSER TIPP Was sich nicht in wenigen Worten beschreiben lässt, ist es oftmals nicht wert, (so) publiziert zu werden. Versuchen Sie, Feinheiten grafisch aufzubereiten, wenn diese wirklich wichtig und nicht in Kürze darstellbar sind. Der Umfang Ihres Businessplans sollte in der Regel bei maximal 20 Seiten liegen.

Das Layout

Auch wenn Sie bislang noch kein Firmenlogo entwickelt haben, das so genannte CD (Corporate Design) Ihres Unternehmens in spe nimmt jetzt schon Gestalt an! Legen Sie für Ihren Businessplan zunächst ein einheitliches Seitenformat fest. Hierzu können auch sich wiederholende Kopf- und Fußzeilen gehören. Wählen Sie dann Ihre „Hausschrift" und den Schriftgrad (bitte nicht kleiner als 10 Punkt) aus. Diese Formatierungen sollten sich durch die gesamten Unterlagen ziehen.

Wichtig ist auch ein Deckblatt sowie ein Inhaltsverzeichnis. Dass Sie sich dazu über die Struktur Ihrer Informationen klar werden müssen, hat einen positiven Nebeneffekt: Sie können schon überlegen, wie Sie die Informationen darstellen, also wo Sie eventuell Grafiken oder Bildmaterial einbauen wollen.

Die Präsentation

Falls Sie bislang dem Stamme der „Lose-Blatt-Sammler" angehörten und den simplen Schnellhefter schon als Krönung der Ordnungsliebe empfanden – damit ist jetzt Schluss! Um Ihren Businessplan zu präsentieren, wählen Sie bitte einen ansprechenden Umschlag aus: Sie können sich hierzu beispielsweise an ein DTP- oder Kopierstudio wenden. Ob Sie Ihre Unterlagen dort spiralbinden oder laminieren lassen, ist eine Frage des persönlichen Geschmacks. Im gehobenen Bürofachhandel werden, in allen Regenbogenfarben, auch Präsentationsmappen aus Kunststoff angeboten.

Nicht am falschen Ende sparen

Ihr Geschäftsplan in aller Kürze

Grundsätzlich sollten Sie mit den Ist-Angaben starten:
- Gegenstand des Unternehmens;
- Geschichte der Firma und/oder der Gründerperson/en;
- Rechtsform und Gesellschafter;
- Leistungsangebot und Zielgruppe;
- Markt und Standort.

Die Plan-Angaben schließen Sie an:
- Unternehmensphilosophie und -kultur;
- Marketing- und Vertriebsplanung;
- Organisations- und Personalplanung;
- Finanzplanung.

Kurzübersicht eines Businessplans

Bausteine

Gegenstand des Unternehmens

Beschreiben Sie in wenigen kurzen Sätzen den Gegenstand Ihres Unternehmens, also Name, Rechtsform, Firmensitz, Produkte, Dienstleistung, Zielgruppe und Qualität! Diesen Punkt führen Sie zwar zu Beginn Ihres Businessplans auf, Sie erarbeiten ihn aber am besten zum Schluss, wenn alle Detailfragen klar sind.

Geschichte der Firma und/oder der Gründerperson/en

Bei einer Neugründung beschreiben Sie Ihren persönlichen Werdegang, wie Sie zu Ihrer Unternehmensidee gekommen sind und was Sie vorhaben! Stellen Sie hier bereits Ihre persönlichen und unternehmerischen Stärken heraus. Wenn Sie sich mit Partner/n selbstständig machen, gehören natürlich alle Lebensläufe hier hinein.

Lebenslauf angeben

Falls Sie eine Firma übernehmen oder sich an einem Unternehmen aktiv beteiligen, beschreiben Sie zusätzlich die bisherige Geschichte und Entwicklung des Unternehmens. War es erfolgreich? Warum werden Sie die Firma übernehmen (sich beteiligen)? Worin lagen die Erfolgsfaktoren in der Vergangenheit? Waren sie möglicherweise an bisherige Personen gebunden? Gleiches gilt, falls Sie sich als Franchisenehmer selbstständig machen.

Rechtsform und Gesellschafter

- Welche Rechtsform wird Ihr Unternehmen haben und warum?
- Wer wird in welcher Form Gesellschafter sein (Anteile)?
- Welche Funktionen werden von welchem Partner eingenommen und was qualifiziert ihn dafür (z. B. Ausbildung, Erfahrungen, Vermögen, Funktionen außerhalb des Betriebes)?
- Wer erhält welche Entscheidungsbefugnisse?

Leistungsangebot und Zielgruppe

Beschreiben Sie Ihre Produkt- und/oder Dienstleistungsangebote konkret. Nennen Sie dabei vor allem die besonderen Eigenschaften Ihres Angebotes (Produkt- und Dienstleistungsmerkmale, Preise, Qualität, Service, etc.).

- An welche Zielgruppen richten Sie Ihr Angebot? Wie sichern Sie, dass die Kunden auch nach dem Kauf noch begeistert über Ihre Leistung sind?

- Was unterscheidet Ihre Leistungen von der Konkurrenz? Der Wegfall des Wechselkursrisikos macht Sie übrigens mit Ihren europäischen Mitbewerbern leichter vergleichbar. Berücksichten Sie dies. **Entwicklung der EU beachten**
- Ermitteln Sie, was Qualität für Ihre Kunden bedeutet! Und wie können Sie garantieren, dass Sie immer gleich bleibende Qualität liefern? Haben Sie vor, ein Qualitätszertifikat zu erlangen (etwa nach der ISO-Norm)?
- Was bedeutet dies für Sie und Ihre Mitarbeiter?
- Wenn Sie selbst produzieren: Welche Fertigungsform, z. B. auftragsbezogen oder auf Lager, wählen Sie?
- Produzieren Sie mittels Fließband-, Serien- oder Werkstattfertigung? Wie wirken sich Ihre Qualitätskriterien hierbei aus?

UNSER TIPP Es ist zwar grundsätzlich von Vorteil, wenn Sie Ihren Kunden ein umfassendes Angebot unterbreiten können. Achten Sie aber darauf, dass Sie bei aller Flexibilität keinen „Bauchladen" an Einzelleistungen entwickeln. Ermitteln Sie also, welche Leistungen Sie selbst erbringen müssen und welche Sie zukaufen können (Wertschöpfungsgrad)? Denn Sie müssen ja nicht alles selbst machen!

Markt und Standort

Besonders wichtig, wenn Sie im produzierenden Gewerbe, im Einzel- bzw. Großhandel oder in der Gastronomie tätig werden, ist die Frage: Wo ist Ihr Unternehmensstandort? Begründen Sie Ihre Entscheidung! Berücksichtigen Sie dabei:
- Art des Geschäftes;
- Kundenbedürfnisse und Kaufgewohnheiten;
- Kosten;
- Werbewirksamkeit und Imagefragen;
- Bebauungspläne;
- Platzbedarf und Wachstumsmöglichkeiten;
- Umweltschutz und -belastung durch Ihren Betrieb;
- Anrainer;
- allgemeine Infrastruktur, Verkehrsmittel/-anbindung, Parkplätze;
- Mitbewerber und Lieferanten.

UNSER TIPP Machen Sie sich auch Gedanken, was Sie für die Zukunft beabsichtigen. Bleiben Sie flexibel in Bezug auf Modernisierung oder Ausbau.

Unternehmensphilosophie und -kultur

Gemeinsame Werte als Basis

Die Kultur eines Unternehmens umfasst das gesamte Meinungs-, Norm- und Wertgefüge und prägt das Verhalten aller Menschen, die in Ihrem Unternehmen tätig sind. Sie kommt in der Art und Weise zum Ausdruck, wie sie ihre Aufgaben erledigen, in ihrer grundsätzlichen Einstellung zur Arbeit und zum Leben, in der Einstellung zu Kollegen und natürlich zum Kunden.

Die Maßstäbe dafür setzen Sie! Entwickeln Sie Ihre eigene Unternehmensphilosophie. Nehmen Sie sich dafür Zeit und Ruhe. Philosophieren Sie darüber, wie Ihre Unternehmenskultur sein wird – und was Sie tun werden, um sie aktiv vorzuleben.

Ihre Unternehmenskultur wird Ihre Strategie beeinflussen und sich durch Ihr ganzes Unternehmen ziehen. Überprüfen Sie die Einhaltung Ihrer Leitsätze zur Unternehmenskultur daher von Zeit zu Zeit. Denn der Alltagsstress wird dafür sorgen, dass Sie im Laufe der Monate und Jahre davon abweichen. Aber diese Leitsätze repräsentieren die Vision, mit der Sie einmal aufgestanden sind, um etwas Großes zu unternehmen. Erinnern Sie sich und Ihre Mitarbeiter immer wieder daran und motivieren Sie dazu, die Unternehmensphilosophie mit Leben zu füllen und weiterzuentwickeln.

Marketing- und Vertriebsplanung

Stellen Sie Ihr Marketingkonzept zusammen. Im Einzelnen sind dies: Zielgruppendefinition, Produkt- und Sortimentspolitik, Preis- und Konditionspolitik, Vertriebspolitik, Kommunikationspolitik und Servicepolitik nach dem Verkauf. Hier fließen zudem alle Punkte ein, die Sie bereits in Ihrer Markt- und Standortbestimmung sowie Ihrem Leistungsangebot ermittelt haben.

Strategieüberlegungen

Überlegen Sie, wie Ihre strategischen Ziele in Bezug auf Marktführerschaft, Marktanteil, Ertrag und Bekanntheit aussehen. Fragen Sie sich, was Ihre Erfolgsfaktoren (USP) sind, und welche Auswirkungen allgemeine und spezielle Entwicklungen auf Ihre Unternehmensziele haben.

Organisation und Personalplanung

Wenn Sie in ein bestehendes Unternehmen einsteigen oder gleich bei Neugründung Personal einstellen:

- Entwickeln Sie anhand eines Organigrammes die verschiedenen Funktionsbereiche Ihres Unternehmens. Stellen Sie dann mittels eines Ablaufdiagramms die wichtigsten Abläufe in Ihrem Betrieb dar.
- Ermitteln Sie branchenübliche Kennzahlen über Personalzahlen (Anzahl, Umsatz und Wertschöpfung pro Mitarbeiter) und berücksichtigen Sie diese bei Ihrer Planung. Kontaktieren Sie hierzu Ihren zuständigen Verband!

Finanzplanung

Ihre Finanzplanung beinhaltet verschiedene Kalkulationen, die auf die nächsten drei Jahre ausgelegt sein sollten! Und weil Europa quasi vor der Tür steht, planen Sie bitte gleich in DM *und* Euro.

Finanzplanung in DM und Euro

Investitionsplan

Zunächst erstellen Sie eine Liste Ihrer Gründungsinvestitionen. Sie enthält kostenmäßig alle Positionen, die für den Start in die Selbstständigkeit erforderlich sind. Dies können beispielsweise Räume, Lager, Maschinen, Fahrzeuge, Schulungen und Beratung sein. Untersuchen Sie dabei bitte genau, ob die einzelnen Investitionen zum Starttermin wirklich notwendig sind! Prüfen Sie, ob Sie besser erprobte Geräte einsetzen oder auf Neuentwicklungen bauen (eventuell Anlaufschwierigkeiten!)? Sollten Sie diese mieten, leasen oder kaufen? Müssen Sie Lagerflächen bereitstellen?

UNSER TIPP Beachten Sie besonders die Beantwortung der Frage, was Ihr Unternehmen so leistungsfähig und flexibel wie möglich macht, Sie aber im Anfangsstadium finanziell nicht unnötig belastet.

Kostenplan

Er enthält alle fixen Kosten (die sind unabhängig davon, ob Sie nun Umsatz machen oder nicht) und die variablen Kosten (stehen in Zusammenhang mit Ihren geschäftlichen Aktivitäten).

Bausteine

Aufstellung ohne Mehrwertsteuer

Umsatzplan

Wie es der Titel schon sagt, führen Sie hier Ihre Umsatzerwartungen auf, und zwar netto, d. h. ohne Mehrwertsteuer. Denn sie stellt ja nur einen Durchlaufposten dar, da sie als Umsatzsteuer an das Finanzamt abgeführt wird!

Rentabilitätsplan

Er ist Ihre erste Erfolgsrechnung, denn hier stellen Sie Ihre kalkulierten Kosten dem prognostizierten Umsatz gegenüber. Unter dem Strich kommt also entweder ein Gewinn (hoffentlich) oder ein Verlust heraus. Wenn Sie auf ein Minus kommen, rechnen Sie alle Teilpläne bitte noch einmal sorgfältig durch.

Liquiditätsplan

Er entspricht inhaltlich Ihrem Rentabilitätsplan. Die Einnahmen und Ausgaben werden hier jedoch in den Monaten eingetragen, in denen sie tatsächlich erwartet werden bzw. zur Zahlung fällig sind.

UNSER TIPP Mit der Zahlungsmoral Ihrer Kunden steht es möglicherweise nicht immer zum Besten: im Schnitt vergehen zwei Monate, bis die Kunden Ihre Leistung im Mark und Pfennig honorieren. Rechnen Sie diese Zeitspanne ein.

Finanzierungsplan

Neben den Planzahlen aus der Kosten-, Umsatz- und Rentabilitätskalkulation stellen Sie hier dar, wie Sie Ihr Unternehmen finanzieren wollen: also in welcher Höhe Sie Eigenmittel zur Verfügung haben (dies können neben Geld auch Computer und weitere betriebsnotwendige Güter sein). Und Sie ermitteln, welche Investitionen Sie fremdfinanzieren wollen/müssen und zu welchem Zeitpunkt die Finanzspritze nötig ist.

Beispiel Freudenberg Halbleitertechnik AG

An dieser Stelle finden Sie ein Muster für einen ausführlichen Businessplan. Sie können es verwenden, wenn Sie Ihrer Bank etwas Eigenes vorlegen wollen. Gleichzeitig kann es Ihnen als Vorbild dienen, wenn Sie an einem Businessplan-Wettbewerb teilnehmen.

Freudenberg Halbleitertechnik AG

Projekt:
UV-Sensoren auf Basis von Verbindungshalbleitern

Geschäftsplan
Zeitraum: 1999 bis 2003

Freudenberg Halbleitertechnik AG
Muster Straße 1 · 12345 Berlin

Ansprechpartner:
Dipl.-Ing. Günther Blume
Dipl.-Ing. Gerrit Frahm
Tel. (030) 12345678
Fax (030) 12345679

Vertraulichkeit
Alle Angaben im Geschäftsplan sind streng vertraulich! Vervielfältigung nur mit Zustimmung der Freudenberg Halbleitertechnik AG

Inhalt

1 Zusammenfassung 4
2 Unternehmen und Personen 7
   2.1 Rechtsform 7
   2.2 Personen 7
   2.3 Betriebsstätte 9
   2.4 Nächste Schritte 10
3 Produkt und Fertigung 12
   3.1 Produkt 12
      3.1.1 Geschäftsidee 12
      3.1.2 Wo ist das Produkt einsetzbar? 12
      3.1.3 Wer ist die Zielgruppe? 13
      3.1.4 Welche Produktgarantien erwartet der Kunde? 13
      3.1.5 Gibt es Wettbewerberprodukte? 13
      3.1.6 Welche Innovation ist mit einem UV-Sensor auf Basis von Verbindungshalbleitern verbunden? 14
      3.1.7 Neue Produkte und Märkte durch die Innovation! 16
      3.1.8 In welchem Stadium befindet sich das Projekt? 17
      3.1.9 Produkt-Weiterentwicklung 17
      3.1.10 Warum wurde die Geschäftsidee bisher nicht realisiert? 18
      3.1.11 Wie ist das Produkt geschützt? 19
      3.1.12 Welche Nachteile hat das Produkt? 19
   3.2 Fertigung 19
      3.2.1 Voraussetzung für eine effiziente Fertigung 19
      3.2.2 Fertigungsschritte Sensor 20
      3.2.3 Fertigung Handgerät Consumermarkt 21
4 Markt 21
   4.1 Marktpotenzial 21
      4.1.1 Flammüberwachung in Heizbrennern 22
      4.1.2 UV-Handmessgeräte 23
      4.1.3 Wasseraufbereitung 26
   4.2 Wettbewerber 27

* Rechtlicher Hinweis: Die Gründung einer Aktiengesellschaft wird projektiert. Sie existiert derzeit noch nicht.

5 Marketing   28
   5.1 Markteinführung   28
      5.1.1 Ziele   28
      5.1.2 Flammüberwachung in Heizbrennern   28
      5.1.3 UV-Handmessgeräte für Profianwendungen, Trinkwasseraufbereitung und Abwasserreinigung   29
      5.1.4 Handgerät für den Consumermarkt   29
   5.2 Zeitlicher Verlauf des Absatzes   30
   5.3 Preispositionierung   31
      5.3.1 Preispositionierung Sensoren   31
      5.3.2 Preispositionierung Handgeräte Consumermarkt   31
   5.4 Vertrieb und Werbung   31
      5.4.1 Vertrieb   31
      5.4.2 Werbung   32
6 Organisation   33
   6.1 Personalstruktur   33
   6.2 Personelle Konsequenzen bei unerwartet hoher Nachfrage   35
   6.3 Anforderung an das Managementinformationssystem   35
7 Planung   36
Anlagen   43

1. Zusammenfassung

Geschäftsidee der zu gründenden Freudenberg Halbleitertechnik AG ist ein neuartiger Sensor auf Basis moderner Verbindungshalbleiter zur Detektion von UV-Licht. Die Vorteile dieses innovativen Produktes sind im Vergleich zu herkömmlichen Lösungen ein stark reduzierter Preis durch wesentlich vereinfachte Fertigung und preiswertere Grundstoffe sowie neue Einsatzgebiete durch exaktere Bestimmbarkeit des UV-Lichtes.

Entwicklungsphase
Der Serienproduktion der UV-Sensoren geht eine Entwicklungsphase voraus, die durch Mittel des Förderprogramms FUTOUR (Förderung und Unterstützung von technologieorientierten Unternehmensgründungen) des Bundesministeriums für Bildung, Wissenschaft, Forschung und Technologie (BBF) in Höhe von 1,5 Mio. DM finanziert wird. Der VDI/VDE-IT als Projektträger von FUTOUR hat dem Unternehmen inhaltliche Gründungsunterstützung zugesagt. Entwicklung und Fertigung sollen in einem Innovations- und Gründerzentrum in Berlin geschehen.

Der Verkauf beginnt mit einer Kleinserie im 2. GJ. Die Zahl der Beschäftigten ist dann von drei (Unternehmensgründung) auf sechs gestiegen. Im dritten Jahr weist das Unternehmen ein positives Ergebnis aus. Der Umsatz im 3. GJ steigt auf ca. 2,6 Mio. DM. Es sind dann neun Mitarbeiter beschäftigt. Diese Zahl steigt bis zum 5. GJ auf achtzehn Beschäftigte an. Zur Mitte des 5. GJ soll der Börsengang durchgeführt werden.

Einsatzgebiet
Das größte Einsatzgebiet der UV-Sensoren liegt in der Flammüberwachung von feuerungstechnischen Anlagen (u. a. Hausheizung). Sie erfüllen hier einerseits eine sicherheitstechnische Funktion und dienen andererseits der Optimierung des Feuerungswirkungsgrades.

Daneben sind unsere Sensoren in UV-Handmessgeräten für den Gebrauch in Solarien, Lackierereien, in der Lebensmitteltechnologie und in weiten Teilen der Grundlagenforschung einsetzbar. Sie sollen ebenfalls in Anlagen zur Wasseraufbereitung eingesetzt werden.

Marktstudie

In der Bundesrepublik Deutschland werden jährlich ca. 1 Mio. Heizungsanlagen verkauft. In den übrigen europäischen Ländern sind es ca. 2,1 Mio. Stück und in der übrigen Welt ca. 20 Mio. Stück (geschätzt) pro Jahr. Unter der Annahme, dass die Hersteller bereit sind, 10 bis 20 Prozent davon mit dem neuen Sensor auszurüsten, ergibt sich ein potenzielles Marktvolumen von ca. 2,3 Mio. bis 4,6 Mio. Stück pro Jahr. Aus Vorsichtsgründen wird vom potenziellen Marktvolumen nur ein Anteil von ca. 700 000 Stück (im 5. GJ) berücksichtigt.

Zur Erleichterung des Markteintrittes ist geplant, ein enges Kooperationsverhältnis zu einem der führenden deutschen Hersteller aufzubauen. Dieser Pilotkunde soll bereits an der Entwicklung der Sensoren zur Serienreife beteiligt sein und branchenspezifische Anforderungen, sein spezielles Know-how sowie eigene Wünsche in den Entscheidungsprozess einfließen lassen.

Wettbewerber

Unser auf Basis des neuartigen Verbindungshalbleiters bestehendes Produkt wird mit herkömmlichen UV-Sensoren auf Siliziumbasis im Wettbewerb stehen. Die Hauptwettbewerber sind Firmen, die sich auf die Fertigung von Siliziumprodukten spezialisiert haben. Hierfür besitzen sie umfangreiche, kostenintensive Anlagentechnik. Die UV-Sensoren sind nur ein kleines Segment in einer großen Angebotspalette. Es ist nicht davon auszugehen, dass dort eine Umorientierung zur Technologie der Verbindungshalbleiter geschieht.

Um den langanhaltenden Bestand des Unternehmens zu sichern, soll eine sinnvolle Produktdiversifizierung durchgeführt werden. Es ist zunächst vorgesehen, neben der Sensorproduktion ein Handgerät mit UV-Sensor für die zeitliche Kontrolle bei der Körperbräunung zu entwickeln. Es soll preiswert und doch exakt messend und medizinisch empfehlenswert sein. Bei der Entwicklung wird mit entsprechend qualifizierten Dermatologen zusammengearbeitet. Ein solches Produkt wird erst durch den Einsatz des neuartigen Sensors möglich. Mit herkömmlichen Sensoren ausgestattete Erzeugnisse sind entweder sehr teuer oder unbrauchbar.

Beispiel

Beteiligte Personen

Längerfristig soll sich das Unternehmen zu einem international bekannten Kompetenzzentrum für die Entwicklung und Herstellung innovativer Verbindungshalbleiter-Sensorik entwickeln. Vorstellbar ist die Entwicklung weiterer Produkte auf Basis des neuartigen Verbindungshalbleiters, einem Material, dessen hohes technologisches Anwendungspotenzial bisher kaum erkannt und ausgeschöpft wurde. Besonders interessant ist hier die Eigenschaft des neuartigen Verbindungshalbleiters, bis in hohe Temperaturbereiche (über 1000 °C) stabil zu bleiben. So eröffnet sich der Markt der Hochtemperatur-Messtechnik, der von etablierten Sensoren wegen deren Reaktivität bei hohen Temperaturen in vielen Gebieten noch nicht befriedigt werden kann. Dieser technologischen Herausforderung kann mit unseren Sensoren begegnet werden.

Der Vorstand der Aktiengesellschaft besteht aus den Gründern Dipl.-Ing. Günther Blume und Dipl.-Ing. Gerrit Frahm. Durch ihr Studium der Energie- und Verfahrenstechnik haben sie fundierte Kenntnisse in den relevanten technischen Bereichen. Sie sind momentan beide auf für das Unternehmen relevanten Forschungsfeldern wissenschaftlich tätig und beabsichtigen, in näherer Zukunft zu promovieren. Beide haben bereits unternehmerische Erfahrungen sammeln können. Die Gründer entstammen Unternehmerfamilien aus dem Bereich der Abgas- und Sauerstoffmesstechnik sowie aus dem Bereich des Softwareengineering.

Die drei Mitglieder des Aufsichtsrates bringen dem Unternehmen spezifisches Fachwissen und politisch/wirtschaftliche Kontakte in ihren Arbeitsgebieten ein. Dem Aufsichtsrat steht Dipl.-Ing. Manfred Blume vor. Der Vater eines der Gründer ist seit 30 Jahren erfolgreicher Berliner Unternehmer im Bereich der Messtechnik. Prof. Dr.-Ing. Sven Puch ist Inhaber des Lehrstuhls für Montagetechnik und Fabrikbetrieb. Er hat seit 1994 sechs erfolgreiche technologieorientierte Unternehmensgründungen begleitet und ist selbst erfolgreicher Unternehmer. Prof. Dr. Susanna Kybrecht ist Inhaberin eines Lehrstuhls für Physik an der FU-Berlin. Seit über zwanzig Jahren beschäftigt sie sich mit der Erforschung neuer Halbleitermaterialien.

2. Unternehmen und Personen
2.1 Rechtsform
Die Rechtsform ist eine Aktiengesellschaft (AG). Das Stammkapital beträgt DM 100 000,–. Der Vorstand der AG ist zunächst alleiniger Eigentümer des Unternehmens. Er besteht aus den beiden Gründern

> Dipl.-Ing. Günther Blume (wissenschaftliche Leitung), (1969 in Stuttgart geboren) und
> Dipl.-Ing. Gerrit Frahm (technisch/kaufmännische Leitung), (1971 in Berlin geboren)

Zu gleichen Teilen sind sie Eigentümer des Unternehmens. Es gibt keine hierarchischen oder andere geschäftsrelevanten Unterschiede.

Der Aufsichtsrat wird zum Zeitpunkt der Gründung aus drei Personen bestehen:
> Dipl.-Ing. Manfred Blume (Vorsitzender), (1943 in Berlin geboren)
> Prof. Dr. Susanna Kybrecht (1950 in Zürich geboren)
> Professor Dr.-Ing. Sven Puch (1947 in München geboren)

2.2 Personen
Vorstand
Die Gründer Dipl.-Ing. Günther Blume und Dipl.-Ing. Gerrit Frahm haben sich zu Beginn ihres Studiums im Jahr 1991 kennen gelernt und haben als Team gemeinsam ihr Studium absolviert. Im Lauf der Jahre haben sie gelernt, Aufgaben den Stärken des Einzelnen entsprechend aufzuteilen. Beide wurden zum Abschluss ihres Studiums neben eines Leistungspreises des VDI mit dem Erwin-Stephan-Preis der TU Berlin ausgezeichnet (der mit 8 000 DM dotierte Erwin-Stephan-Preis für herausragende Studienleistungen und kurze Studienzeit wird alljährlich den zehn besten Absolventen der Hochschule verliehen).

Rechtsform

Lebensläufe

Weiterer Lebenslauf

Sie besitzen durch ihr Studium der Energie- und Verfahrenstechnik und ihre derzeitige Promotionstätigkeit auf den Gebieten der Halbleiterphysik (BLUME) sowie der Fertigungstechnik (FRAHM) fundierte Kenntnisse in den für das Unternehmen relevanten wissenschaftlichen Bereichen Energietechnik, Physik/Chemie, Montagetechnik, Fertigungstechnik sowie der Mess- und Regelungstechnik.

Mit der Teilnahme am Businessplan-Wettbewerb Berlin/Brandenburg '98 (BPW), dem Besuch einer Vielzahl von betriebswirtschaftlichen Seminaren und Lehrgängen und dem Studium von Fachliteratur haben sich die Gründer betriebswirtschaftliche Grundkenntnisse angeeignet. Ihr Geschäftsplan wurde in den ersten beiden Stufen des BPW preisausgezeichnet.

Im Zuge seiner Promotionstätigkeit am Hahn-Meitner-Institut Berlin (HMI) im Bereich der Festkörperphysik erforscht Herr Blume seit Frühjahr 1996 die Herstellung, das Verhalten und die technischen Nutzungsmöglichkeiten von Verbindungshalbleitern. Er hat bereits unternehmerische Erfahrung in der Herstellung und Vermarktung von Individualsoftware. Von 1990 bis 1992 hat Herr Blume Taschencomputer mit selbst entwickelten Kalkulationsprogrammen verkauft. Kundenkreis war das produzierende Gewerbe.

Herr Frahm hat von 1991–1995 parallel zu seinem Studium für die Firma Wedel GmbH im Bereich der Automobilabgas-Messung mit optischen Sensoren gearbeitet und ist so mit den Anforderungen an diese Geräte vertraut. Momentan ist er an der TU Berlin als wissenschaftlicher Mitarbeiter im Fachbereich Maschinenbau beschäftigt. Von 1990 bis 1991 hat er die Reaktivierung zweier stillgelegter Kleinwasserkraftanlagen geleitet und so ebenfalls unternehmerische Erfahrungen sammeln können. Diese Arbeiten beinhalteten Verkaufsverhandlungen, Behördengespräche, technische Planung, Auftragsvergabe an Bauunternehmer, Bauüberwachung und Inbetriebnahme.

Das Dossier in Anlage 1 ermöglicht es dem interessierten Investor, sich ein weiterführendes Bild über das bisherige Leistungsprofil der Gründer/des Vorstandes zu verschaffen.

Aufsichtsrat

Dipl.-Ing. Manfred Blume
Der Vorsitzende des Aufsichtsrates, Dipl.-Ing. Manfred Blume, der Vater eines der Gründer, ist seit dreißig Jahren erfolgreicher Berliner Unternehmer auf dem Gebiet der Mess- und Analysentechnik.

Prof. Dr. Susanna Kybrecht
Das Aufsichtsratmitglied Prof. Dr. Susanna Kybrecht, die Betreuerin der Doktorarbeit von Herrn Blume, ist Inhaberin eines Lehrstuhls für Physik an der Freien Universität Berlin.

Prof. Dr.- Ing. Sven Puch
Das Aufsichtsratmitglied Prof. Dr.-Ing. Sven Puch ist Betreuer der Doktorarbeit von Herrn Frahm. Er ist Inhaber des Lehrstuhls für Montagetechnik und Fabrikbetrieb.

2.3 Betriebsstätte
Die Betriebsstätte wird eines der Innovations- und Gründerzentren im Südosten Berlins sein.
Gespräche zeigten, dass diese Standorte durch ihre Merkmale
- kostengünstige Miete (Kaltmiete DM 20,–/qm incl. NK und Servicepaket)
- kooperationsbereite andere innovative Unternehmen
- flexibles Fertigungs-, Labor- und Büroraumangebot
- optimale Bedingungen für unser Unternehmen bieten. Die Nähe zum Institut für Kristallzüchtung im Forschungsverbund Berlin e.V. (IKZ) ist für uns besonders attraktiv. Ein Informationsgespräch mit den koordinierenden Stellen ergab, dass auch vonseiten des IKZ die Zusammenarbeit mit den Unternehmen gegeben und erwünscht ist.

Firmensitz

Nahe Zukunft

2.4 Nächste Schritte

Die Aktiengesellschaft soll Ende 1999 gegründet werden.
Zusammen mit den Mitgliedern des Aufsichtsrats und externen Partnern werden die nächsten Schritte gegangen. Sie stellen eine Fortsetzung und Intensivierung der bisher geleisteten Planungs- und Entwicklungsarbeit wissenschaftlicher, technologischer und betriebswirtschaftlicher Art dar.

Konkret:
- Der Antrag auf Förderung wurde beim VDI/VDE-IT im September 1999 gestellt. Er wird dann lt. Aussage des VDI/VDE-IT rasch bearbeitet, sodass die Mittel bei Geschäftsaufnahme im Januar 2000 zur Verfügung stehen;
- Fortsetzung des FUTOUR-Gründungsdialoges mit unseren Betreuern des VDI/VDE-IT;
- Gegenwärtig begonnene wissenschaftliche Untersuchungen in Form von durch die Gründer betreuten Studien- und Diplomarbeiten werden noch offene Detailfragen klären;
- Erste Termine mit potenziellen Großkunden (Pilotkunden-Akquisition Heizbrennermarkt) sind für die Zeit 3 bis 6 Monate nach der Gründung angesetzt.

Wichtigste externe Partner sind der VDI/VDE-IT über das Förderprogramm FUTOUR (s. Anlage 6) und unser Rechtsanwalt, Dr. Dieter Knöpfle.

Tabelle 1:
Leistungen der Vorgründung und nächste Schritte bis zur Unternehmensgründung

Gebiet der Vorarbeit	Physik/Chemie	Fertigungstechnik	Betriebswirtschaft und Verwaltung
Bis dato geleistet	Entwicklung und erfolgreiche Erprobung verschiedener Prototypen (s. Kap. 3.1.8)	Skizzierung eines geeigneten automatisierbaren und kosteneffizienten Fertigungsverfahrens (s. Kap. 3.2)	Businessplan für den BPW, Gründungsdialog mit FUTOUR, Rechtsfragen eingeholt, Kontakte zu potenziellen Kunden hergestellt, Teilnahme an Schulungen und Seminaren für Existenzgründer (größtenteils im TCC)
Bis zur Gründung geleistet	Verbesserung der Prototypen, Erprobung weiterer Produktdesigns im Rahmen einer Diplomarbeit (begonnen)	Verbesserung und Weiterentwicklung des Fertigungsverfahrens im Rahmen einer Diplomarbeit (begonnen)	Fortsetzung des Gründungsdialoges mit FUTOUR, weiterer Ausbau der Kontakte zu potenziellen Kunden und Wirtschaftsfachleuten, weiterer Ausbau des Kontaktes mit den zuständigen Senatsverwaltungen
Partner, Kontakte	Frau Prof. Dr. Susanna Kybrecht (Hahn-Meitner-Institut Berlin GmbH) und andere	Prof. Dr.-Ing. Sven Puch (TU Berlin)	VDI/VDE IT, DtA, IBB, BEF, EIB, Senatsverwaltung für Wirtschaft und Betriebe, Unsere Bank AG und andere

Erläuterung: Tabelle 1 gibt einen Überblick über bisher erbrachte Leistungen und die nächsten Schritte bis zur Gründung. Der Projektplan in Anlage 3 gibt einen Überblick über die nach der Gründung geplanten Schritte.

11

Beispiel

3. Produkt und Fertigung
3.1 Produkt
3.1.1 Geschäftsidee

Geschäftsidee

Geschäftsidee ist ein optischer Sensor zur UV-Licht-Detektion auf Basis von Verbindungshalbleitern (Verbindungshalbleiter sind Halbleiterkristalle, die aus einer Kombination mehrerer chemischer Elemente bestehen).

Die Vorteile dieses innovativen Produktes sind im Vergleich zu herkömmlichen Lösungen ein stark reduzierter Preis durch wesentlich vereinfachte Fertigung und preiswertere Grundstoffe sowie ein erweitertes Einsatzgebiet durch exaktere Bestimmbarkeit des UV-Lichtes.

3.1.2 Wo ist das Produkt einsetzbar?

Einsatzgebiet

Das Produkt ist überall dort einsetzbar, wo UV-Licht vorhanden und dessen quantitative Bestimmung von Interesse ist:

1. Flammüberwachung in Heizbrennern
Aus sicherheitstechnischen Gründen muss in jeder Heizungsanlage die Flamme überwacht werden. Hierzu werden in den meisten Geräten UV-Sensoren eingesetzt. Die Verteilung des UV-Lichts in der Flamme gibt außerdem über die Güte der Verbrennung Aufschluss. Ein UV-Sensor misst diese Verteilung. Bei einer Abweichung vom Sollwert reagiert ein Stellglied, bis der Brennstoff wieder optimal verbrennt.

2. Handmessgeräte
In nachfolgend aufgeführten Anwendungsgebieten werden Handmessgeräte verschiedener Hersteller zur Prozessüberwachung (Sicherheits- und Funktionsprüfung) eingesetzt. Diese werden momentan mit Sensoren der Wettbewerber bestückt.

2.1 Einsatz in Solarien
2.2 UV-härtende Lacke (in der Möbelindustrie)
2.3 Spektroskopie, biomedizinische Analytik
2.4 Lebensmittelinspektion, Nachweis von Keimen und Pilzbefall
2.5 Kontrolle von Alterungsprozessen

Der Businessplan

UV-Licht hat auf viele Materialien, wie beispielsweise Kunststoffe, negative Auswirkungen, das Material „altert". Um den Einfluss des UV-Lichtes zu erforschen, wird das Material diesem Licht ausgesetzt. Die dabei emittierte Strahlung wird gemessen und protokolliert. Die Sensoren werden hier zur Prozessüberwachung eingesetzt.

3. Wasseraufbereitung mit UV-Strahlen
Für die Wasseraufbereitung kommen in einigen Fällen (z.B. in kleinen Wasserwerken, Krankenhäusern und privaten Haushalten mit eigenem Brunnen) UV-Entkeimungsanlagen zum Einsatz.

4. Luftdesinfektion in Arztpraxen mit UV-Licht
Prozesssteuerung und -überwachung

3.1.3 Wer ist die Zielgruppe?   Kundenkreis
Benötigt wird das Produkt von den Herstellern der in Kap. 3.1.2 genannten Systeme. Besonders hoher Bedarf besteht bei den Herstellern von feuerungstechnischen Anlagen. Die meisten modernen Öl- oder Gasheizungen sind mit UV-Sensoren ausgerüstet. Die Marktführer der Branche sind am Kauf unserer Sensoren sehr interessiert. Dies ergaben Vorgespräche (Gespräche mit Herrn Kempinger, Blankenberg Heiztechnik GmbH, Abt. Entwicklung, und Herrn Kupfer, Nebinger Werk GmbH & Co., Abt. Entwicklung).

3.1.4 Welche Produktgarantien erwartet der Kunde?
1. Priorität   sehr hohe Standzeit
2. Priorität   hohe Messgenauigkeit
3. Priorität   kurze Messzeiten

3.1.5 Gibt es Wettbewerberprodukte?
Unser Produkt wird mit UV-Sensoren auf Siliziumbasis und auf Basis von GaN im Wettbewerb stehen. Diese werden im In- und Ausland überwiegend von

großen Unternehmen gefertigt und stellen dort ein kleines Segment in einer breiten Produktpalette dar (s. a. Kap. 4.2). UV-Sensoren, welche gemäß der Geschäftsidee auf Basis moderner Verbindungshalbleiter bestehen, sind bisher nicht auf dem Markt.

Einzigartigkeit des Produkts

3.1.6 Welche Innovation ist mit einem UV-Sensor auf Basis von Verbindungshalbleitern verbunden?

Die Innovation liegt im Einsatz von bestimmten Verbindungshalbleitern statt des bisher verwendeten Siliziums, bzw. GaN. Das von uns entwickelte Produkt wird im Vergleich zum Wettbewerberprodukt viel preiswerter und genauer, mit einem dadurch erweiterten Einsatzgebiet sein. Wir werden das Produkt von Beginn der Serienfertigung an zu 60 Prozent des Preises der Wettbewerber anbieten können (Kalkulation s. Kap. 7). Silizium ist ein Halbleiterwerkstoff mit gründlich erforschten elektrischen und optischen Eigenschaften. Der Werkstoff kann an verschiedene Anforderungen von beispielsweise Mikrochips, Solarzellen oder auch optischen Sensoren adaptiert werden. Dies ist allerdings teilweise und besonders im Falle von optischen Sensoren mit erheblichem fertigungstechnischem Aufwand und damit hohen Kosten verbunden. Erst das Eindiffundieren mehrerer Dotierschichten macht den Sensor für diese Anwendung einsetzbar. Besonderes Problem ist hier die Empfindlichkeit des Siliziums für sichtbares Licht, welches i.d.R. zusammen mit UV-Licht auftritt und so das Messergebnis verfälscht. Diesem Problem ist bei Siliziumsensoren nie vollständig beizukommen, sodass die Bedürfnisse des Kunden von der etablierten Technologie nur teilweise befriedigt werden.

Geeignete Verbindungshalbleiter, wie beispielsweise unser neuartiger Verbindungshalbleiter, haben keine Empfindlichkeit im sichtbaren Licht.

Ein weiterer Nachteil des Siliziums ist, dass bei seiner Verarbeitung hochreine Ausgangsstoffe und eine hochreine Laboratmosphäre unabdingbar sind, da selbst geringste Verunreinigungen das Produkt unbrauchbar machen.

Verbindungshalbleiter, z. B. unser neuartiger Verbindungshalbleiter, haben diese Nachteile nicht. Aus physikalischen Gründen sind sie Verunreinigungen gegenüber wesentlich unempfindlicher, sodass ein aus Verbindungshalbleitern bestehender Sensor aus nur mäßig reinen Ausgangstoffen und in nur mäßig reinen Räumen gefertigt werden kann. Das resultierende monetäre Einsparpotenzial bei der Herstellung dieser Diode gegenüber der etablierten Technologie wird auf 90–95 Prozent geschätzt (bei gleichem Automatisierungsgrad und gleicher Produktionsleistung). In Tabelle 2 wird die Innovation unseres Produktes durch den Vergleich mit herkömmlichen Sensoren nochmals verdeutlicht.

Vorzüge der Innovation

Tabelle 2:
Vergleich mit herkömmlichen Sensoren

Hersteller	Wirkprinzip	Vorteil	Nachteil
Hamamatsu	Si-Diode	Etabliertes Produkt	Reinraumfertigung, aufwendige Nachbearbeitung
Polytec	SiC-Diode	Etabliertes Produkt	Reinraumfertigung, aufwendige Nachbearbeitung, hohe Temperaturen bei der Herstellung
Hamamatsu	GaN-Diode	Etabliertes Produkt	MOCVD-Herstellung (MetalOrganicChemicalVapourDeposition) Sehr teure Anlage, hochgiftige Betriebsstoffe (Arsin, Phosphin), Gallium ist relativ selten, hohe Rohstoff-Preisschwankungen
Freudenberg Halbleitertechnik AG	Unsere Diode	Nicht etabliertes Produkt	Kundennutzen: kostengünstiger und exakter, dadurch z. B. Wirkungsgradsteigerung bei Flammsteuerung von Heizbrennern => Brennstoffkosten sinken um ca. 1%. Weiterhin: Ungiftig bei der Herstellung, vielseitig anwendbar, kein Vakuum und keine hohen Temperaturen bei der Herstellung, keine Reinraumfertigung, keine Nachbearbeitung

3.1.7 Neue Produkte und Märkte durch die Innovation!

Mittelfristige Produktdiversifizierung
Neben dem Verkauf der vom Unternehmen produzierten Sensoren an die in Kap. 4 aufgezeigten

16

Der Businessplan

Märkte wird das Unternehmen ein komfortabel zu bedienendes Handgerät zur kontrollierten Körperbräunung entwickeln und vermarkten. Es wird preiswert und medizinisch empfehlenswert sein. Diese Produktneuheit wird durch den Einsatz des neuartigen, genauer messenden Sensors ermöglicht. Mit herkömmlichen Sensoren ausgestattete Geräte sind entweder sehr teuer oder unbrauchbar (Details Kap. 4.1.2).

Ein weiteres mittelfristig anzugliederndes zusätzliches Produktsegment ist die Schaffung eines Kompetenzzentrums für UV-Messtechnik und auf dem neuartigen Verbindungshalbleiter basierende Sensoren. Die Einzelentwicklung von Komplettlösungen zur Steuerung und Auswertung von mit UV-Licht betriebenen chemischen oder verfahrenstechnischen Prozessen (z. B. die Trinkwasserentkeimung und Abwasserreinigung) ist dann vorgesehen.

Längerfristiger Ausblick
Längerfristiges Unternehmensziel ist, modernste Erkenntnisse aus der Halbleiterforschung aufzugreifen und in Form weiterer innovativer Sensoren wirtschaftlich zu realisieren.

3.1.8 In welchem Stadium befindet sich das Projekt?
Prototypen dieses Sensors wurden hergestellt und erfolgreich getestet. Ihre Leistungen wurden mit denen eines handelsüblichen Silizium-Sensors (Hersteller Polytec PI, Inc., Auburn, MA, USA) verglichen. Derzeit läuft ein Langzeit-Belastungstest. Bisher gewonnene Ergebnisse bescheinigen dem Produkt hervorragende Eigenschaften.
Das Muster und der einfache Herstellungsprozess sind dem Investor jederzeit vorführbar.

3.1.9 Produkt-Weiterentwicklung
Unser UV-Sensor ist ein entwicklungsaufwendiges High-Tech-Produkt. Der Massenproduktion wird daher aufbauend auf die in Kap. 2.4 beschriebene Voruntersuchung ein insgesamt zweijähriges F&E- (Forschung und Entwicklung)-Projekt vorgeschaltet.

— Gegenwärtiges Stadium

— Weiterentwicklung

Die Fertigung und der Verkauf einer Kleinserie wird schon während der Entwicklungsphase beginnen. Leitziele des F&E-Projektes sind:

Produktoptimierung
Die vom Kunden geforderten Produkteigenschaften: sehr hohe Standzeit, hohe Messgenauigkeit und kurze Messzeit müssen bei geringstmöglichen Kosten garantiert werden.

Fertigungsoptimierung
Entwicklung eines kostenoptimierten Fertigungsprozesses.

Die angegebene Betriebsstätte eignet sich gut für die Durchführung des F&E-Projektes. Hier kann der anfallende Forschungsaufwand sinnvoll auf Eigen- und Fremdforschung aufgeteilt werden. Fremdforschung wird den Gründern in den ersten fünf Jahren zumeist kostenlos oder gegen geringes Entgelt angeboten. Weitere Angaben zur Produktweiterentwicklung sind Kap. 6, Organisation, zu entnehmen.

Woher kommt die Marktlücke?

3.1.10 Warum wurde die Geschäftsidee bisher nicht realisiert?
Das Gebiet der Halbleiterphysik ist eine sehr anspruchsvolle Wissenschaft, die in vielen Bereichen theoretisch noch nicht modelliert werden kann. Man ist daher dort auf empirische Ergebnisse angewiesen. Silizium und GaN sind seit Jahrzehnten Gegenstand intensiver Forschungsbemühungen und mittlerweile gut erforscht. Seit einigen Jahren wird allerdings wegen der in Kap. 3.1.6 erwähnten Nachteile des Siliziums der Einsatz von Verbindungshalbleitern intensiv erforscht. Für einfache Anwendungen, wie beispielsweise Temperatur- und optische (z. B. UV-) Messungen, hat der neue Werkstoff seit kurzer Zeit Praxisreife erreicht und repräsentiert den Stand der Wissenschaft.
Die Industrie hat diese Entwicklung aufgrund des fehlenden Wettbewerberdrucks bisher nicht aufge-

griffen und verwendet im Augenblick noch die teuren Werkstoffe Silizium und GaN.

3.1.11 Wie ist das Produkt geschützt?
Gegenwärtig läuft eine Patentrecherche. Nach Auskunft des Patentanwaltes ist absehbar, dass ein noch näher zu definierender Teil des Sensors durch ein Patent geschützt werden kann.

3.1.12 Welche Nachteile hat das Produkt?
Für den technischen Einsatz von kostengünstig zu verarbeitenden Verbindungshalbleitern in optischen Sensoren liegen keine Erfahrungen vor.
Insbesondere fehlen Erkenntnisse über das Langzeitverhalten. Diese Werkstoffe werden aber seit einiger Zeit auf dem Gebiet der physikalischen Grundlagenforschung besonders im Hinblick auf ihr Langzeitverhalten intensiv erforscht (Motivation: blaue LED (Light Emitting Diode, Leuchtdiode), Solarzellen, Lasertechnologie). Die bisherigen Ergebnisse sind viel versprechend. Für den Einsatz in optischen Sensoren erwarten wir deshalb ebenfalls ein gutes Langzeitverhalten, sodass wir dem Kunden nach Abschluss des Entwicklungsprojekts eine langjährige Garantie auf unser Produkt bieten können. Eine von uns angestrebte Qualitätszertifizierung nach DIN ISO 9001 wird es dem Kunden zusätzlich erleichtern, sich für dieses neuartige Produkt zu entscheiden.

Eventuelle Schwächen des Produkts?

3.2 Fertigung
3.2.1 Voraussetzung für eine effiziente Fertigung
Auf der Basis modernster wissenschaftlicher Erkenntnisse auf dem Gebiet der Verbindungshalbleiter und deren Verarbeitungsmöglichkeiten wurden Grundvoraussetzungen für eine effliziente Fertigung entwickelt. Sie sind, wie folgt, definiert:
„*Kostengünstige Fertigung eines einbaufähigen Sensors"*

Umweltverträglichkeit

Vertretbarer apparativer Aufwand
Nasschemische (die Halbleiterschichten werden aus einer wässrigen Lösung heraus auf dem Substrat abgeschieden, besonders einfaches Herstellungsverfahren) Abscheideverfahren sollen wegen des geringen apparativen Aufwandes bevorzugt in Betracht gezogen werden. Zur Fertigung werden keine giftigen Stoffe nach BImSchG und WHG verwendet. Dies erspart den Einbau von Filteranlagen, reduziert den Genehmigungsaufwand und erweitert die Auswahl möglicher Fertigungsstätten. Der geplante Standort mit seiner für unser Unternehmen optimalen Infrastruktur kommt so erst für uns infrage. Die Ungiftigkeit von Produkt und Prozess kann ggf. auch als Werbeargument dem Kunden und der Öffentlichkeit gegenüber verwendet werden.

Modulare Erweiterbarkeit
Die zu entwickelnde Fertigungsstrecke soll in ihrer Produktionskapazität einfach modular erweiterbar sein (unproblematisches Upscaling). (Schritte der Erweiterung s. Anlage 3)

3.2.2 Fertigungsschritte Sensor
Die Photodiode, das Kernstück unseres Sensors, soll in Eigenfertigung hergestellt werden. Fremdfertigung soll sinnvoll hinzu kombiniert werden. Typisches Zukaufteil wird beispielsweise das Gehäuse des Sensors sein. Die Ergebnisse des in Kap. 3.1.9 beschriebenen F&E-Projektes werden die sinnvolle Aufteilung im Detail klären. Bei den Produktionsmitteln handelt es sich um Standardprodukte, die jeweils von mehreren Herstellern im Wettbewerb angeboten werden. Eine unternehmensschädigende Abhängigkeit von Zulieferern ist somit auszuschließen.

Energiekonsum der Fertigung
Die Photodiode wird in einer nasschemischen Abscheidestrecke bei Raumtemperatur hergestellt. Dieses Herstellungsverfahren ist energieeffizient, sodass die Energiekosten pro Sensor im Vergleich zu den Personal- und Rohstoffkosten gering sind.

3.2.3 Fertigung Handgerät Consumermarkt
In Kap. 4.1.2 wird der Markt für ein preiswertes und exaktes Handgerät zur kontrollierten Körperbräunung beschrieben. Als ein weiteres Produktsegment wird dieses Gerät vom Unternehmen entwickelt, in Fremdfertigung hergestellt und vom Unternehmen vertrieben. Im vierten Geschäftsjahr ist ein Absatz von jährlich 5 000 Stück vorgesehen, im 5. GJ von 20 000 Stück. Die erste Tranche wird zu Beginn des 4. GJ unter Leitung des Ingenieurbüro Plank zum Preis von DM 40,–/Stück gefertigt (Angebot s. Anlage 9). Die zweite Tranche wird im osteuropäischen Raum oder in Fernost gefertigt. Unter Berücksichtigung der vierfachen Bestellmenge und der in diesen Ländern niedrigeren Lohnstruktur wird hier ein Kaufpreis von DM 20,–/Stück angenommen.
Die Entscheidung, zunächst im Inland fertigen zu lassen, wurde nach Abwägung der Faktoren Auftragsvolumen, Qualitätsicherung und Überschaubarkeit getroffen.

4. Markt
4.1 Marktpotenzial
Wie in Kap. 3.1.2 beschrieben, gibt es eine Vielzahl von Gebieten, in denen die Messung von UV-Licht erforderlich ist. Für unsere Sensoren eröffnen sich dadurch drei große Märkte, die mit einigen wenigen Standardtypen bedient werden können.
- Flammüberwachung in Heizbrennern
- UV-Messgeräte
- Trinkwasseraufbereitung, Abwasserreinigung

Weiterhin können durch den weitaus geringeren Preis neue Märkte erschlossen werden. Ein Beispiel ist der Einstieg in den Consumermarkt mit preiswerten Handgeräten zur kontrollierten Körperbräunung. Ein solches, mit unserem Sensor bestücktes Gerät, kann in Apotheken, Drogerien, bei Tchibo, Eduscho etc. angeboten werden.

Märkte

Analyse erster Markt

4.1.1 Flammüberwachung in Heizbrennern

Grundsätzlich muss aus sicherheitstechnischen Gründen in jeder Heizungsanlage die Flamme überwacht werden. Hierzu werden in den meisten Geräten UV-Sensoren eingesetzt.

In der Bundesrepublik Deutschland wurden bis 1989 ca. 0,9 Mio. Heizungsanlagen pro Jahr verkauft, danach ca. 1,2 Mio. pro Jahr. In Fachkreisen wird angenommen, dass dieser Wert die nächsten acht Jahre konstant bleibt (Gespräche mit Frau Amend [Marktforschung NEBINGER HEIZTECHNIK GmbH] und Herrn Kupfer). Es handelt sich dabei zu ca. 60 Prozent um Komplettlösungen von Kessel und Brenner (sog. „units") und zu ca. 40 Prozent um einzelne Kessel in unterschiedlicher Kombination mit Brennern verschiedener Hersteller (Herstellerliste s. Anlage 4). In Anlage 5 befindet sich eine detaillierte Brennerverkaufsstatistik der letzten Jahre (nur Einzelbrenner, keine „units").

Der Markt wird zu ca. 70 Prozent von den führenden deutschen Heizkesselherstellern bedient. Den Rest teilen sich mehrere kleinere Anbieter (s.a. Anlage 4). Der europäische Markt wird von den o. g. Fachleuten auf ca. 2,1 Mio. Anlagen pro Jahr geschätzt (exklusive des deutschen Marktes). Die genannten deutschen Anbieter haben daran zusammen einen Anteil von ca. 30 Prozent.

Der internationale Markt ist quantitativ schwer zu bestimmen. Herr Dähne (Bundesverband Energie Umwelt Feuerungen e. V.) überschlägt die jährliche außereuropäische Brennerproduktion mit ca. 20 Mio. Stück.

Nach Auskunft von Herrn Kupfer sind die zur Flammüberwachung eingesetzten Flammfühler sehr kostenintensive Bauteile. An einem Produkt wie dem unseren, das erheblich kostengünstiger in der Anschaffung und zusätzlich funktionsgenauer ist, wurde sehr großes Interesse bekundet (Telefonat vom 25. Februar 98). Dieser Bedarf wird von den Firmen Blankenberg Werke GmbH & Co. und Knurrhürzel GmbH & Co. bestätigt (Telefonat mit Herrn Kempinger, Blankenberg-Entwicklung, vom 25. Februar 98).

Der Businessplan

Es kann allerdings nicht davon ausgegangen werden, dass die Vielzahl unterschiedlicher Heizungsanlagen mit ihren jeweils spezifischen Flammeigenschaften mit einem einzigen Standardprodukt überwacht werden kann. Bei den einzelnen Gesprächen mit den Experten der o. g. Firmen hat sich aber gezeigt, dass Trends zu „blaubrennenden" Flammen, zu wandhängenden Geräten und zu Geräten mit Brennwerttechnik erkennbar sind. So wird erwartet, mit einer relativ kleinen Produktpalette die Bedürfnisse des Marktes zu einem großen Teil befriedigen zu können.

Bei der Annahme, dass der Pilotkunde ca. 200 000 Heizungsanlagen pro Jahr auf dem nationalen Markt und ebenso viele auf dem europäischen Markt verkauft (s. o.) und durch die enge Kooperation 20 Prozent dieser Anlagen mit unseren Sensoren ausgestattet sind, ergibt sich ein konstantes jährliches Auftragsvolumen durch den Pilotkunden von 80 000 UV-Sensoren auf Basis von Verbindungshalbleitern zur Flammüberwachung. Auf längere Sicht kommen Aufträge der anderen Hersteller von Heizungsanlagen in derselben Größenordnung dazu.

4.1.2 UV-Handmessgeräte
Handgeräte für professionelle Anwendungen. In vielen Fällen ist die Kenntnis der von einem UV-Strahler emittierten Leistung in einem engen oder breiten Spektrum (je nach Anwendung) wichtig für die Funktionstüchtigkeit und Sicherheit (s. Kap. 3.1.2). Beim Umgang mit UV-Licht ist die Europanorm EN-60335 zu beachten. Für die Zulassung von Bräunungsröhren und -liegen für Solarien gilt ferner die deutsche Norm DIN 5050, in der aufwendige Messverfahren beschrieben werden. Solche Messungen für die Zulassung neuer Geräte werden u. a. vom TÜV Rheinland durchgeführt. Der gewerbliche Nutzer eines UV-Strahlers ist verpflichtet, während des Betriebs und besonders ab einem gewissen Alter der UV-Röhren, diese in regelmäßigen Abständen zu überwachen oder überwachen zu lassen. Hierfür gibt es UV-Handmessgeräte, sog. UV-Meter. Nach

Analyse zweiter Markt

Gespräch mit Herstellern

Auskunft eines beim TÜV Rheinland für die Sicherheitsprüfung von Solarien zuständigen Mitarbeiters, Herrn Krause, sind diese Geräte jedoch sehr ungenau und dabei relativ teuer. Dies liegt in den Eigenschaften heute üblicher UV-Sensoren begründet (s. Kap, 3.1.6).

In Gesprächen mit zwei Herstellern solcher UV-Meter, der Firma Kussmaul (Stuttgart) und der Kellner GmbH (Köln), wurde deswegen großes Interesse an unseren Sensoren bekundet.

Das Einsatzgebiet für UV-Handmessgeräte erstreckt sich über die Überwachung von Solariumröhren hinaus auf alle Bereiche, in denen UV-Licht als Prozessenergie verwendet wird und überwacht werden muss, z. B.:

- Nachweis von Keimen und Pilzen in der Lebensmitteltechnologie;
- Erforschung des Einflusses von UV-Licht auf Alterungsprozesse (z. B. Kunststoffe);
- UV-Aushärtung von Lacken in der Möbelindustrie;
- Spektroskopie, biomedizinische Analytik.

Es besteht großer Bedarf an exakten UV-Handmessgeräten für Profianwendungen. Das Marktpotenzial ist in diesem Bereich schwer abzuschätzen. Aufgrund der vielfältigen Einsatzmöglichkeiten der UV-Handmessgeräte kann der jährliche Bedarf an unseren Sensoren in diesem Bereich überschlägig mit 20 000 Stück abgeschätzt werden. Die technischen Anforderungen der Gerätehersteller an unsere Sensoren sind derart, dass der Markt mit einigen Standardlösungen nahezu vollständig bedient werden kann.

Bisherige Preise

Consumermarkt, preiswerte Handgeräte
Preiswerte und zuverlässig arbeitende Handgeräte sind nicht auf dem Markt. Geräte, die das UV-Licht der Sonne in Hinblick auf seine dermatologische Auswirkung zuverlässig messen können, sind ab DM 5 000,00 erhältlich. Der hohe Preis schränkt die Kundengruppe auf Behörden und Betreiber von Freibädern etc. ein. Ein Beispielhersteller ist die Firma Katzmann GmbH, Berlin.

Der Businessplan

Gelegentlich erscheint ein Gerät in der Preisklasse von einigen hundert DM auf dem Markt (z. B. UV Messuhren). Fachleute (Gespräche mit Herrn Dr. Brandenburg (Bundesamt für Strahlenschutz München) und Frau Prof. Mewes (TU-Berlin, Inst. f. Lichttechnik, Gutachter für Stiftung Warentest) attestieren diesen Geräten allerdings reinen „Spielzeugcharakter" mit teilweise für den Verbraucher gefährlichen Folgen. Aufgrund dieser medizinischen Bedenken können sich die Geräte nie lange auf dem Markt halten.

Die technologische Herausforderung bei der Entwicklung medizinisch empfehlenswerter Geräte besteht darin, nur einen sehr engen spektralen Bereich der UV-Strahlung (1 = 298–328 mm) zu betrachten und keine Empfindlichkeit im übrigen Spektrum aufzuweisen. Die menschliche Haut hat die Eigenschaft, in genau diesem Wellenlängenbereich der UV- Strahlung hochsensibel zu sein. Werden nun, wie dies bei konventionellen Sensoren der Fall ist, auch andere spektrale Bereiche des Sonnenlichtes in das Messergebnis mit einbezogen, ist dieser Messwert als Grundlage der Bräunungszeitberechnung vollkommen unbrauchbar. Unser Sensor kann aufgrund seiner hohen Bandlücke (nur Licht einer Energie oberhalb der sog. Bandlücke eines Halbleiters wird in elektrische Signale umgesetzt) durch einfache Filtertechnik sehr exakt auf den oben beschriebenen spektralen Empfindlichkeitsbereich konditioniert werden (mehr techn. Details? Kap. 3.1.6). So ist es unkompliziert, in Zusammenarbeit mit Dermatologen und einem Industrieelektronik-Büro (Angebot s. Anlage 9) ein Gerät zu entwickeln, welchem auch vonseiten des den Markt bisher skeptisch betrachtenden Bundesamtes für Strahlenschutz gute Eigenschaften attestiert werden können.

Man kann ferner davon ausgeben, dass der Bedarf an exakten, preisgünstigen UV-Handmessgeräten in polnahen Gebieten wie Australien, Neuseeland, Chile, Argentinien, Norwegen u. a. in Zukunft aufgrund des wachsenden „Ozonloches" stark steigen wird.

> Anforderungen an das Produkt

> Geschätzter Bedarf

4.1.3 Wasseraufbereitung

Trinkwasseraufbereitung
Für die Trinkwasseraufbereitung kommen in einigen Fällen (z. B. in kleinen Wasserwerken, Krankenhäusern und privaten Haushalten mit eigenem Brunnen) UV-Entkeimungsanlagen zum Einsatz. Von einigen großen Herstellern wie der Streudert GmbH werden Anlagen mit Reinigungsleistungen zwischen 2 m^3 und 2000 m^3 pro Stunde angeboten. Diese Firmen schätzen, dass auf dem nationalen Markt (konstant) 1000 Anlagen pro Jahr verkauft werden. Jede Anlage ist mit einem UV-Sensor zur Prozessüberwachung ausgestattet. Die technischen Anforderungen der Gerätehersteller an unsere Sensoren sind derart, dass der Markt mit einigen Standardlösungen nahezu vollständig bedient werden kann.

Abwasserreinigung
Für die Reinigung von Industrieabwässern (z. B. Galvanikbetriebe, chemische Industrie, Grundwassersanierung) werden in zunehmendem Maße photochemische Verfahren (im UV-Spektralbereich) eingesetzt. Es werden ca. 200 Anlagen pro Jahr verkauft. Hier ist nach Einschätzung der Hersteller (s. o.) eine stark steigende Tendenz zu erwarten.
Nach Auskunft von Herrn Dr. Starke (Mega UV GmbH) können die heute verfügbaren UV-Sensoren aufgrund ihrer Materialeigenschaften gewisse technische Anforderungen (z. B. Selektivität bei geringen Wellenlängen) nur unzulänglich erfüllen. Da diese Probleme bei unseren Sensoren nicht zu erwarten sind, ist die Firma Mega UV an diesem innovativen Produkt sehr interessiert.

> Individuelle Anforderungen

Aufgrund komplizierter verfahrenstechnischer Abläufe stellen Anlagen zur photochemischen Abwasserreinigung mittels UV-Licht individuelle Anforderungen an die Messtechnik. In diesem Bereich werden kundenspezifische Lösungen zu erarbeiten sein. Dies bietet unserem Unternehmen die Möglichkeit, die primär angestrebte Serienfertigung um Einzelanfertigungen zu erweitern und sich zu einem Kompetenzzentrum für UV-Messtechnik zu entwickeln.

Der Businessplan

4.2 Wettbewerber

Unser Produkt wird mit UV-Sensoren auf Siliziumbasis im Wettbewerb stehen. Diese werden im In- und Ausland gefertigt. Die Jahresproduktion beträgt ca. 20 Mio. Stück. Die Hauptwettbewerber sind die Firmen HAMAMATSU (Japan) und POLYTEC (USA). Die beiden deutschen Hersteller Full-Tech GmbH und Kadeus AG bieten ebenfalls Siliziumsensoren an.

Diese Firmen haben sich auf die Fertigung von Siliziumprodukten spezialisiert. So werden Chips auf Siliziumbasis für den Einsatz in unterschiedlichen Wellenlängenbereichen (UV-, NIR- sowie a-, b-, g- und Röntgen-Spektralbereich) und unterschiedlichen Anwendungsgebieten, z. B. in positionsempfindlichen Photodioden, in Avalanche-Photodioden, in der Teilchensensorik, der Elektronenstrahl- und Röntgenstrahldetektorik sowie anderen Gebieten der Waferstepper-Messtechnik, hergestellt. Die UV-Sensoren sind lediglich ein kleines Segment in einer großen Angebotspalette.

Für die verschiedenen technologischen Prozesse wie Oxidation, Implantation, Metallisierung, Photolithographie, Getterung u. a., die bei dieser Fokussierung auf den Basisstoff Silizium abgedeckt werden müssen, haben die Wettbewerber in kostenintensive Anlagentechnik investiert. Hierzu gehören z. B. Ionenstrahl-Implantationsanlagen, CVD-Anlagen, Hochtemperatur-Oxidationsanlagen und Reinstraum-Labore.

Der Vertrieb der Produkte erfolgt über eigene Vertriebswege und spezialisierte Vertriebsfirmen wie Janus-Technology Ltd. (USA/Kanada), Opto-Systeme (Frankreich), Electron Tubis bzw. Tom Emi (Großbritannien) und Laser Components GmbH (Deutschland).

Das technologische Know-how der Wettbewerber liegt im Bereich siliziumbasierter Halbleiter-Produkte. Es ist nicht davon auszugehen, dass eine Umorientierung zur Technologie des neuartigen Verbindungshalbleiters geschieht, zumal wir auf diesem Gebiet firmenintern Spezialwissen besitzen und so über einen beachtlichen Vorsprung verfügen.

Konkurrenzsituation

5. Marketing
5.1 Markteinführung
5.1.1 Ziele

Unsere UV-Sensoren stellen ein Massenprodukt dar. Es sollen einige wenige unterschiedliche Typen produziert werden, die jeweils so an die Bedürfnisse der verschiedenen Kundengruppen angepasst sind, dass ein großer Markt mit Standardprodukten abgedeckt werden kann. Das größte Absatzpotenzial liegt im Bereich der Heizbrenner. Aus dieser größten Kundengruppe, den Herstellern von Heizungsanlagen, soll ein Pilotkunde gewonnen werden.

Marketingstrategie

Der Bedarf an unseren UV-Sensoren und deren Produktderivaten (Handgeräte) ist vorhanden (s. Kap. 4). Die Marketingstrategie muss primär darauf ausgelegt sein, dem Kunden die Vorteile unseres Produkts gegenüber den Wettbewerberprodukten (kostengünstigere und genauere Sensoren) zu veranschaulichen. Die Marketingstrategie wird im Folgenden weiter ausgeführt.

5.1.2 Flammüberwachung in Heizbrennern

Pilotkunde

Tragende Säule des Marketingkonzeptes ist die Gewinnung eines auf dem nationalen Markt führenden Heizungsanlagen-Herstellers als Pilotkunden. Dieser Pilotkunde soll bereits an einem der Produktion vorgeschalteten F&E-Projekt beteiligt werden (s. Kap. 3.1.9 und Kap. 5.2) und branchenspezifische Anforderungen, sein spezielles Know-how und eigene Wünsche einbringen. Hierzu wurden erste Gespräche mit den Marktführern geführt. Diese Firmen haben ihr Interesse an einer solchen Kooperation bekundet (s. Kap. 4. 1. 1). Ihr Interesse liegt neben dem günstigeren Preis an der Verbesserung ihres eigenen Produktes. Durch einen exakteren Sensor lässt sich der Feuerungswirkungsgrad steigern. Dadurch sinken die Brennstoffkosten für den Endkunden um ca. 1 Prozent. Bei dieser engen Zusammenarbeit in der Entwicklungsphase mit einem Kunden muss darauf geachtet werden, dass das Produkt nach Erlangen der Marktreife von anderen Herstellern von Heizungsanlagen ebenfalls verwendet werden kann und so im nächsten Schritt auf dem gesamten Markt angeboten werden kann. Die Zufriedenheit des Pilotkunden dient als Referenz.

5.1.3 UV-Handmessgeräte für Profianwendungen, Trinkwasseraufbereitung und Abwasserreinigung

Die Anforderungen an UV-Sensoren zum Einsatz in Handmessgeräten (Profianwendungen) und in UV-Entkeimungsanlagen zur Trinkwasseraufbereitung sind klar definierbar und vergleichsweise einfach zu erfüllen. Gespräche mit führenden deutschen Herstellern haben ergeben, dass auch hier ein direktes Herantreten an potenzielle Kunden sinnvoll ist. Mit Ende der Produktentwicklungsphase wird dies geschehen (Direktmarketing).

Es wird geprüft, inwieweit eine Kooperation mit den o.g. etablierten Geräteherstellern oder eine Eigenentwicklung einer Komplettlösung einen optimalen Ertrag für das Unternehmen bringt.

Anlagen zur photochemischen Abwasserreinigung mittels UV-Licht stellen aufgrund der Verfahrenstechnik u.U. individuelle Anforderungen an die Messtechnik. Ein enger Kontakt zu den Kunden und deren Einbeziehung in den Produktentwicklungsprozess bietet sich auch in diesem Marktsegment an. Die Markteinführung kann hier ebenfalls in enger Kooperation mit einem Anlagenhersteller geschehen. Erste Gespräche wurden mit der Firma Mega UV GmbH (Dr. Starke) geführt.

5.1.4 Handgerät für den Consumermarkt

Das Handgerät für den Consumermarkt (Körperbräunung) wird von uns in Kooperation mit dem Ingenieurbüro für Industrieelektronik Plank (Angebot Anlage 9) und entsprechend qualifizierten Dermatologen entwickelt. Wir vermarkten das Produkt über den Fachgroßhandel an Apotheken, Drogerien, Spezialversand. Ein Markteintritt über das Elektronikangebot von Tchibo und Eduscho wird parallel dazu ins Auge gefasst. Wissenschaftliche Referenzen, d.h. Gutachten des Bundesamtes für Strahlenschutz und lobende Beiträge in Fachzeitschriften werden den Markteintritt dieses qualitativ hochwertigen Produktes sehr erleichtern.

Direktmarketing

Referenzen

Geschätzte Absatzzahlen

Internationale Ausrichtung

5.2 Zeitlicher Verlauf des Absatzes

Die Massenproduktion der Sensoren zur Flammüberwachung erfolgt nach Abschluss des F&E-Projektes ab dem Jahr 2002. Der Pilotkunde setzt die Sensoren dann in allen dafür vorgesehenen Anlagentypen ein. Der Absatz beträgt in diesem Jahr ca. 140 000 Stück. Durch direkten Vertrieb kommen im 4. GJ Bestellungen anderer Kunden in gleicher Größenordnung hinzu. Im 2. und 3. GJ wird das Handgerät für den Consumermarkt entwickelt, von dem im 4. GJ insgesamt 5 000 Stück, im 5. GJ 20 000 Stück verkauft werden sollen. Ab dem 3. GJ werden Sensoren an den Markt der Hersteller von Handgeräten für Profianwendungen verkauft (1 000 im 3. GJ, 2 000 im 4. GJ, 3 000 im 5. GJ).

Von Beginn der Geschäftstätigkeit an soll der internationale Markt erschlossen werden. Im europäischen Ausland werden zunächst die Kontakte des Pilotkunden genutzt, später folgen selbst erschlossene Märkte. Besonders interessant ist hier der Markt in Polen und Russland, der von deutschen Herstellern noch kaum erschlossen ist, obwohl er mittelfristig große Absatzmöglichkeiten birgt. Besonders in Polen ist ein rasch ansteigender Bedarf zu erwarten.

Der Markteintritt wird hier durch die langjährigen Kontakte des Gründers Blume mit polnischen Forschungseinrichtungen (Institut Apparatry Przemylovy i Energetiki (IAPIE) der Technischen Universität Krakau) auf dem Gebiet der Feuerungstechnik erleichtert. Über diese sollen polnische Brennerhersteller direkt angesprochen werden.

Im außereuropäischen Ausland soll zunächst der Markt in China und Indien erschlossen werden. Hier werden die langjährigen Geschäftsbeziehungen des Aufsichtsratsvorsitzenen Dipl.-Ing. Manfred Blume zu Politik und Industrie dieser Länder genutzt. Andere außereuropäische Absatzländer, deren Märkte erschlossen werden sollen, sind die USA, Kanada, Japan, Australien und Neuseeland. Es wird erwartet, dass die Internationalisierung den Absatz ab dem 4. GJ deutlich steigern wird und dann insgesamt ca. 380 000 Sensoren abgesetzt werden können.

5.3 Preispositionierung
Wir werden unser Produkt von Anfang an zu einem Gewinn bringenden Preis anbieten.

Preisbildung

5.3.1 Preispositionierung Sensoren
Der Verkaufspreis richtet sich i. W. nach der Abnahmemenge. Der vorgesehene Mindestpreis für Großkunden liegt bei DM 14,–/Stück. Dieser Preis liegt ca. 40 Prozent unter dem Preis, den Wettbewerber mit konventionellen Lösungen Großkunden in Rechnung stellen und ermöglicht uns gewinnorientierte Fertigung (Kalkulation s. Kap. 7)

5.3.2 Preispositionierung Handgeräte Consumermarkt
Das Handgerät wird den Großkunden (Apothekenzulieferer, Drogeriemarkt-Ketten, Tchibo, Eduscho) ab dem 3. GJ für DM 75,–/Stück verkauft. Der Kunde wird das Gerät mit knapp 100 Prozent Aufschlag (incl. MwSt) dem Endkunden anbieten.

5.4 Vertrieb und Werbung
5.4.1 Vertrieb
Unser Unternehmen wird keinen Einzelvertrieb durchführen (Ausnahme: Nachdem wir uns zu einem Kompetenzzentrum auf dem Gebiet der UV-Messung entwickelt haben, werden wir in den viel versprechenden Markt der Einzelanlagenprojektierung von Wasseraufbereitungssystemen (mittels UV-Licht) einsteigen).
Die Sensoren und Handgeräte werden von Großkunden der in Kap. 4 geschilderten Marktsegmente erworben. Diese werden direkt angesprochen. Daneben ist vorgesehen, einen indirekten Vertrieb über Kataloge von etablierten Vertriebsunternehmen wie Janus-Technology Ltd. (USA/Kanada), Opto-Systeme (Frankreich), Electron Tubis bzw. Tom Emi (Großbritannien) und Laser Components GmbH (Deutschland) aufzubauen. Hierüber sollen potenzielle Klein- und Großkunden (z. B. Forschungsinstitute) angesprochen werden. Die Aufnahme in den Vertriebskatalog („listing") ist nach Auskunft der Laser Components GmbH unkompliziert mög-

Vertriebswege

lich, sofern Produktreferenzen angegeben werden können (Pilotkunde, Fachveröffentlichungen).
In Forschungsinstituten werden Kaufentscheidungen überwiegend auf Grundlage dieser Kataloge gefällt.

5.4.2 Werbung
Unser Produkt stellt eine wissenschaftlich-technologische Innovation dar. Ziel der Werbestrategie ist es, dem Kunden zu verdeutlichen, welchen Nutzen er davon hat.
Hauptbedeutung hat hier der positive Ausgang von Verkaufsverhandlungen mit den Großkunden. Diese werden sorgfältig vorbereitet. Wichtige Besprechungen werden im Beisein der Aufsichtsratsmitglieder Prof. Dr. Susanna Kybrecht und/oder Prof. Dr.-Ing. Sven Puch stattfinden. Das Gewicht der bekannten Wissenschaftler wird beim Kunden besonders in der ersten Zeit das Vertrauen in die neuartige Technologie steigern. Der Aufsichtsratsvorsitzende Dipl.-Ing. Manfred Blume wird an wichtigen Verhandlungen ebenfalls teilnehmen und dem Unternehmen durch sein Verhandlungsgeschick als erfahrener Geschäftsmann und „Praktiker" Nutzen bringen.
Mit zunehmender Bekanntheit unserer Produkte und unseres Unternehmens werden auch Kunden Kaufinteresse signalisieren, die wir nicht direkt angesprochen haben. Dies geschieht zum einen durch deren Kontakte mit unseren bereits belieferten und zufriedenen Kunden. Zum anderen werden wir folgende Maßnahmen zur Steigerung unseres Images ergreifen:
- Beiträge in Fachzeitschriften
- Autorenschaft in wissenschaftlichen Veröffentlichungen (zusammen mit den Hochschupartnern)
- Werbung in Fachzeitschriften
- Präsenz auf Fachmessen (z. B. Envitec, Düsseldorf und Intherm, Stuttgart)
- Aussagekräftige Internetpräsenz
- Kostenlose Demonstrationsmodelle (Handgerätemarkt)

Marginalie: Ergänzende Werbung

- Die Ausarbeitung von Prospektmaterial, Firmenlogo etc. werden wir in die Hände eines qualifizierten Grafikbüros geben. Das äußere Erscheinungsbild des Unternehmens soll den innovativen Charakter erkennen lassen.

6. Organisation
6.1 Personalstruktur
Die Aktiengesellschaft kann in drei organisatorische Bereiche gegliedert werden:
- den Vorstand (G. Frahm (die Qualifikation und der Nutzen der Vorstands- und Aufsichtsratsmitglieder sind in Kap. 2.2 ausgeführt.), G. Blume)
- den Aufsichtsrat (Dipl.-Ing. Manfred Blume, Prof. Dr. Susanna Kybrecht, Prof. Dr.-Ing. Sven Puch)
- Schlüsselpersonen und übrige Mitarbeiter

Der **Vorstand** übernimmt im ersten Geschäftsjahr alle Aufgaben des Unternehmens. Nur die Routineaufgaben der Entwicklung werden von einer studentischen Hilfskraft übernommen. Ab dem 2. GJ gibt der Vorstand mit wachsender Unternehmensgröße Aufgaben an die unten vorgestellten qualifizierten Schlüsselpersonen ab.

Der **Aufsichtsrat** besteht zum Zeitpunkt der Unternehmensgründung aus drei Mitgliedern mit den Schlüsselkompetenzen Betriebswirtschaft, Physik/Chemie und Fertigungstechnik. Er wird dem Vorstand mit seinem politisch/wirtschaftlichen Einfluss und durch Beratungsleistungen zur Seite stehen. Weitere Aufsichtsratsmitglieder werden folgen. Geplant ist u. a. einen großen Kunden einzugliedern. Nach dem Börsengang wird sich der Aufsichtsrat entsprechend personell verstärken. Die übrige Personalstruktur unterteilt sich in hochqualifizierte Schlüsselpersonen und ihnen unterstellte übrige Mitarbeiter. Die Schlüsselpersonen sollen so früh, wie dies finanziell möglich ist, dem Unternehmen angegliedert werden. Dadurch soll erreicht werden, dass diese Personen am Aufbau des anfangs gut überschaubaren Unternehmens beteiligt werden, sich mit ihm identifizieren und später in guter

Marginalien: Vorstand · Aufsichtsrat

Personalbedarf

Kenntnis der Stärken und Schwächen des Unternehmens effizient Führungsaufgaben wahrnehmen. Allen Mitarbeitern soll eine (freiwillige) Beteiligung am Unternehmen offen stehen. Darüber hinaus erhalten alle Mitarbeiter eine gewinnabhängige Zusatzvergütung.
Die Schlüsselpersonen des Unternehmens stehen namentlich noch nicht fest. Die Gründer haben aber durch ihren engen Kontakt zu Wissenschaft und Forschung guten Zugang zu entsprechend qualifiziertem Personal, welches bei erkennbarer Eignung direkt angesprochen und zur Bewerbung aufgefordert werden soll.

Eignungsprofil der Schlüsselpersonen:
Mit Abschluss der ersten Phase des wissenschaftlichen Enwicklungsprojektes wird zum zweiten Geschäftsjahr ein hochqualifizierter Produktionsleiter (Dipl.-Ing. FH) und weitere Ingenieure (auch Vertrieb) eingestellt. Er soll ab diesem Zeitpunkt die Leitung der Produktion übernehmen. Er ist eine Schlüsselperson. Mit wachsender Produktionsleistung wird ihm technisches Personal (Anlagentechniker, Elektroniker) zur Seite gestellt.
Zu Anfang des dritten Geschäftsjahres beginnt die Serienproduktion der ersten vom Unternehmen produzierten Sensor-Serie. Schon zu diesem Zeitpunkt wird mit der Entwicklung weiterer innovativer Produkte begonnen (s. Kap. 3.1.7). Der Vorstand wird hier von einem hochqualifizierten Entwicklungsleiter (Dipl.-Phys.) entlastet. Er ist eine Schlüsselperson. Ihm stehen entsprechend Ingenieure und Physiker zur Seite. Zusammen mit den Hochschulen werden wissenschaftliche Entwicklungsprojekte durchgeführt. Das Hilfspersonal (Diplomanden, Studienarbeiter) verursacht in diesem Fall keine oder sehr geringe zusätzlichen Personalkosten.
Mit Beginn des dritten Geschäftsjahres ist eine weitere Erhöhung der Produktionsleistung vorgesehen. Ab diesem Zeitpunkt wird der Vorstand auf dem Gebiet des Marketings von einem Vertriebsleiter (Dipl.-

Kfm.) entlastet. Er ist eine Schlüsselperson. Mit wachsender Produktionsleistung wird ihm weiteres Vertriebspersonal zur Seite gestellt. Verwaltungstätigkeiten werden ab dem dritten Quartal des zweiten Geschäftsjahres von einer Sekretärin übernommen. Rechtlich relevante Entscheidungen werden nach Beratung durch einen qualifizierten Juristen (Dr. Dieter Knöpfle) gefällt. Eine enge Zusammenarbeit ist angestrebt.
Steuerlich relevante Entscheidungen werden nach Beratung mit einem Steuerberater (spezialisiert auf technologieorientierte Unternehmen) gefällt.

6.2 Personelle Konsequenzen bei unerwartet hoher Nachfrage

Der Vorstand wird mit Unterstützung der drei hochqualifizierten Schlüsselpersonen in den Bereichen Produktion, Vertrieb und Entwicklung in der Lage sein, auch eine über der Planung liegende Produktionsleistung zu lenken. Entsprechend der Nachfragesituation wird den Ressorts zusätzliches Personal angegliedert. Bei der Auswahl der Schlüsselpersonen wird darauf geachtet, dass sie in der Lage sind, auch im Falle eines unerwartet raschen Unternehmenswachstums in besonderem Maß Verantwortung zu tragen und auf ihrem Gebiet Führungsaufgaben wahrzunehmen. Die geplante gewinnabhängige Vergütung wird die Motivation und die Einsatzbereitschaft hier steigern.

Mitarbeitermotivation

6.3 Anforderung an das Managementinformationssystem

Um die Überschaubarkeit des Unternehmens von Anfang an sicherzustellen, soll ein Managementinforinationssystem (MIS) eingerichtet werden. In den ersten beiden Phasen (Entwicklung und Kleinserie) muss das MIS einen Überblick über den Stand der Entwicklung geben. Folgende Daten müssen ständig disponibel sein:
- Vergleich des Entwicklungsstandes mit dem Zeitplan;

Information für die Geschäftsleitung

Beispiel 93

- aktueller Mittelbedarf? Stimmt der Mittelbedarf mit der Planung überein?
- Terminüberschreitung der Zulieferer.

Mit dem Übergang von der Kleinserien- zur Großserienfertigung im dritten Geschäftsjahr (Phase 3) ändern sich die Anforderungen an das MIS. Die täglich aktualisierten Daten betreffen nun:
- Umsatz;
- Auftragsvorlage;
- Auftragseingang;
- Stand der Arbeiten;
- Liquidität;
- Krankheitsstand;
- Angebotsvorlage;
- Lagersituartion.

Von technischer Seite sind außerdem Angaben über den Stand der Produktentwicklungen und Terminüberschreitungen bei Zulieferern zu beobachten. Nach erfolgtem Börsengang wird das MIS zusätzlich Informationen über die Aktiensituation (Nachfrage, Wert etc.) bereithalten.
In zeitlich sinnvollem Abstand stattfindende Besprechungen des Vorstandes mit den Schlüsselpersonen werden die Leistungsfähigkeit des MIS abrunden und es ständig optimieren.
Umseitiges Organigramm verdeutlicht die Organisationsstruktur der Freudenberg Halbleitertechnik AG.

7. Planung
Dieses Kapitel versteht sich als Erläuterung zum Tabellenwerk der GuV- und Liquiditäts-Detailplanung inkl. Investitions- und Abschreibungsplan sowie Zins- und Tilgungsplan, die sich in Anlage 8 befinden. Eine Übersicht über die GuV- und die Liquiditätsplanung befindet sich am Ende dieses Kapitels. Zur Verbesserung der Übersichtlichkeit wird die Kalkulation über den gesamten Planungszeitraum hinweg in der Währungseinheit Deutsche Mark dargestellt.
Die Freudenberg Halbleitertechnik AG soll zum Ende des Jahres 1999 gegründet werden und ihre

eigentliche Geschäftätigkeit zum Januar 2000 aufnehmen. Wie bereits erwähnt, ist der Produktionsphase ein Entwicklungsprojekt vorgeschaltet. In Zusammenarbeit mit dem Pilotkunden wird das Produkt entwickelt und in einer nachfolgenden Mischphase in kleiner Serie hergestellt. Diese Kleinserie wird an den Pilotkunden verkauft und dient zur Verifizierung der Produktqualität. Ab dem dritten Geschäftsjahr beginnt die Serienfertigung. Der Einsatz unserer Sensoren in Heizbrennern stellt das größte Marktpotenzial dar (vgl. Kap. 4.1.1).
Daneben hat dieser Markt im Vergleich zu den anderen von uns angezielten Märkten auch die höchsten Qualitätsanforderungen hinsichtlich Standzeit, Messgenauigkeit und Messgeschwindigkeit. Daher kann mit dem dritten Geschäftsjahr zeitgleich und ohne wesentlichen zusätzlichen Entwicklungsaufwand ein qualitativ sehr hochwertiges und preiswertes Produkt auch dem Marktsegment „Handgeräte", ein Jahr später dem Segment „Wasserreinigung" angeboten werden. Verkaufsgespräche im Vorfeld werden den planmäßigen Absatz sicherstellen. Der Verkaufspreis richtet sich i.W. nach der Abnahmemenge. Momentan ist ein Mindestverkaufspreis von DM 14,– pro Stück für Großkunden vorgesehen. Dieser Preis liegt ca. 40 Prozent unter dem Preis, den Wettbewerber mit konventionellen Lösungen Großkunden in Rechnung stellen und ermöglicht uns gewinnorientierte Fertigung.
Neben der Sensorproduktion soll ein UV-Handmessgerät für den Consumermarkt entwickelt werden, das Großabnehmern wie Apothekenzulieferern, Drogeriemarktketten, Tchibo ab dem 4. GJ für DM 75,– pro Stück angeboten wird.
Die Sensorproduktion soll kontinuierlich laufen. Die Abnahme durch die Kunden erfolgt in größeren Tranchen, Großkunden werden monatlich beliefert. Deswegen ist die Einrichtung eines Lagers vorgesehen. Der jeweilige Lagerwert wird mit einem Herstellkostenpreis von DM 8,– pro Sensor berechnet.
Es ist nicht vorgesehen, daß die Freudenberg Halbleitertechnik AG Eigenleistungen in nennenswertem Umfang aktiviert.

Tabelle 3:
Geplante Verkaufszahlen

Position	2000	2001	2002	2003	2004
Sensor zur Flammüberwachung		13 500	170 000	370 000	700 000
Sensor für Handgeräte			1 000	5 000	10 000
Sensor für Wasserreinigung			1 000	2 000	3 000
		13 500	172 000	377 000	713 000

Materialaufwand

Der Materialaufwand setzt sich aus einem Grundbedarf an verschiedenen Chemikalien und anderen Betriebsstoffen sowie umsatzgebundenen Verbrauchsmitteln zusammen. Die eigentlich stückzahlgebundenen Materialien werden aufgrund ihres geringen Verbrauchs pro Sensor im Grundstock der benötigten Chemikalien und Betriebsstoffe (Roh-, Hilfs- und Betriebsstoffe) erfasst. Dagegen ist der Bedarf an ZnO-Trägerglas und zugekauften Gehäusen ab der Serienproduktion im dritten Geschäftsjahr direkt mit der Zahl hergestellter/verkaufter Sensoren gekoppelt. Um günstigere Konditionen mit den Zulieferern zu erhalten, ist vorgesehen, den Bedarf von ein bis zwei Monaten zu bevorraten. Die Sensoren sind zwar nicht besonders bruchanfällig, dennoch müssen sie für den Versand zum Kunden gut verpackt werden. Auch hierfür ist ein kleines Materiallager vorzusehen.

Fremdforschung

Für Fremdforschung ist ein Pauschalbetrag von DM 20 000,- p.a. eingeplant. Dieser soll immer dann verzehrt werden, wenn in Ausnahmefällen das ansonsten kostenlose Angebot, Mess- und Analysesysteme auf dem WISTA-Gelände in Adlershof zu nutzen, nicht ausreicht und kommerzielle Dienstleister in Anspruch genommen werden müssen (das Wissenschafts- und Technologiezentrum Adlershof

(WISTA) bietet jungen Unternehmen, die sich auf Ihrem Gelände ansiedeln in der ersten drei Geschäftsjahren ein im Mietpreis enthaltenes umfangreiches Serviceangebot, welches den Unternehmern erlaubt, kostenlos ansonsten sehr investitionsaufwendige Analysetechnik zu nutzen, vgl. Kap. 2.2.
Im 1. Quartal (des 3. Geschäftsjahres erfolgt die prototypische Entwicklung des Handgerätes für den Consumermarkt durch das Ingenieurbüro Plank. Die Kosten hierfür betragen DM 50 000,– (Angebot siehe Anlage 9). Die Handgeräte werden ab dem 4. Geschäftsjahr in Fremdfertigung für DM 33,– (Fertigung durch Ingenieurbüro Plank, Preis incl. aller Bauteile außer Sensor) bzw. DM 25,– pro Stück (Fertigung im Ausland ab dem 5. GJ) produziert (s. Kap. 3.2.3). Die Freudenberg Halbleitertechnik AG stellt die hierfür benötigten Sensoren her. Tabelle 4 verdeutlicht den zusammengefassten Materialaufwand (Detailaufstellungen stehen bei Bedarf zur Verfügung).

In Kap. 6 ist die Entwicklung des Personalbedarfs des Unternehmens beschrieben. Die entstehenden Kosten (inkl. sozialer Abgaben) sind der Tabelle 5 auf der folgenden Seite zu entnehmen. Die sozialen Kosten werden mit 30 Prozent des Bruttolohnes veranschlagt. Die Angestellten (exkl. dem Vorstand) erhalten ein dreizehntes Monatsgehalt. Die zu tätigenden Investitionen und die sich daraus ergebenden Abschreibungen sind dem Invest.- und AfA-Plan zu entnehmen (Anlage 8). Als Abschreibungsdauer wurden für alle Investitionen (technische Anlagen, Büroausstattung/EDV, Fahrzeuge) jeweils 5 Jahre angenommen. Diese Zeit entspricht den geltenden gesetzlichen Bestimmungen und harmoniert mit betriebswirtschaftlichen Erfahrungswerten.

Personalkosten

Es werden insgesamt 200 qm Büro- und Produktionsräume zu DM 20,- pro qm (KM inkl. Nebenkosten und Servicepaket, Miete über fünf Jahre konstant) angemietet. Mit der Expansion des Unternehmens steigt der Platzbedarf auf 300 qm an.
Für Versicherungen, Mitgliedschaften, Heizung, Strom, Bürobedarf etc. werden übliche Beträge angenommen. Sie steigen mit dem Unternehmens-

Raumkosten

39

> wachstum. Für Rechtsberatung ist in den ersten zwei Geschäftsjahren ein Betrag von DM 6 000,00 jährlich vorgesehen. Mit dem starken Wachstum des Unternehmens und dem Börsengang steigen die hierfür veranschlagten Summen auf DM 9 600,–, 24 000,– und 36 000,–.
> Es ist ein enger Kontakt zu den Entwicklungsabteilungen der Kunden, insbesondere des Pilotkunden, angestrebt. Hierfür sind entsprechende Reisen eingeplant. Das Reisebudget erhöht sich ebenfalls mit dem Wachstum des Unternehmens. Für Werbung, Messeteilnahmen, Prospekte usw. ist ein Budget von ca. DM 100 000,– im zweiten GJ eingeplant, es steigt in den Folgejahren entsprechend den erwarteten Umsätzen überproportional.
>
> 40

Tabelle 4: Materialaufwand

Position	2000	2001	2002	2003	2004
Gesamtansätze p. a.	42 000	139 000	998 500	2 476 680	4 121 970

Tabelle 5: Personalkosten

Anfangsgehalt	2000	2001	2002	2003	2004
Vorstand	95 000	95 000	100 000	150 000	180 000
Vorstand	95 000	95 000	100 000	150 000	180 000
Student. HK	27 600	52 400	40 280	40 080	49 400
Techn. Leiter		110 000	110 000	135 000	135 000
Sekretärin		45 000	67 600	70 000	72 000

Fortsetzung Personalkosten					
Anfangs-gehalt	2000	2001	2002	2003	2004
Wiss. Leiter			90 000	130 000	140 000
Techniker				50 000	70 000
Vetriebs-leiter			100 000	200 000	200 000
Vertriebs-assistent		45 000	70 000	90 000	160 000
Ingenieur		110 000	110 000	390 000	600 000
Aufsichts-rat	20 000	25 000	25 000	30 000	35 000
Summe	237 600	577 400	812 880	1 443 080	1 821 400

Die Produktion ist umweltfreundlich. Es entstehen keine besonders auszuweisenden Entsorgungskosten. Wie bereits beschrieben, erfolgt die Finanzierung des Unternehmens in den ersten Geschäftsjahren zu 90 Prozent über das Förderprogramm FUTOUR des BMBF. Das Fördervolumen beträgt ca. DM 1,5 Mio. Mit dieser Geldmenge kann das Unternehmen nach der momentanen Planung bis zum 3. Quartal des 3. Geschäftsjahres (2003) unterstützt werden. Die Fördergelder sind zu versteuern.
Die Hälfte der Förderung besteht aus einer stillen Beteiligung der Technologie-Beteiligungs-Gesellschaft mbH (tbg) der Deutschen Ausgleichsbank am Unternehmen. Das Beteiligungsentgelt der tbg setzt sich aus einer jährlichen Festverzinsung von 5 Prozent sowie einer gewinnabhängigen Vergütung von 6 Prozent der Einlage zusammen. Während der Laufzeit der stillen Beteiligung von 10 Jahren erfolgt keine Tilgung. Mit der Hausbank soll eine Kontokorrentlinie von DM 100 000,- (Verzinsung 10 Prozent) vereinbart werden. Dieses Finanzie-

Finanzierung des Unternehmens

**Liquiditäts-
planung**

rungskonzept ergibt die im Zins- und Tilgungsplan dargestellten Geldflüsse.

Ab dem dritten Geschäftsjahr hat das Unternehmen ein positives Betriebsergebnis. Bei der Berechnung wurden die Verlustvorträge der ersten beiden Geschäftsjahre berücksichtigt.

Die zahlungswirksamen Positionen der GuV-Detailplanung wurden unter Berücksichtigung der Zahlungsziele in die Detail-Liquiditätsplanung übertragen:

- Die Umsatzerlöse aus dem Verkauf der Sensoren und Handgeräte werden nach zwei Monaten zu Einzahlungen führen. Das Fördergeld wird vorab quartalsweise gezahlt;
- Die Materialaufwendungen sollen nach einem Monat bezahlt werden;
- Die Gehälter werden im Fälligkeitsmonat bezahlt, die Lohnnebenkosten im Folgemonat.
- Die sonstigen betrieblichen Aufwendungen sollen bis auf die sofort zu zahlende Miete nach einem Monat bezahlt werden;
- Da Rechnungslegung und Einzahlungen zeitlich nicht sehr stark auseinander liegen, wird die Mehrwertsteuerzahllast aus Vereinfachungsgründen vernachlässigt;
- Die Investitionen werden ebenfalls einen Monat nach Rechnungslegung bezahlt. Wie in Kapitel 3.1.7 beschrieben, ist geplant, das Unternehmen zu einem Kompetenzzentrum für UV-Messtechnik auszubauen. Durch den für Mitte des fünften Geschäftsjahres geplanten Börsengang soll hierfür Kapital bereitgestellt werden. Außerdem sollen Venture-Capitalists als Investoren für das Unternehmen interessiert werden.

Der Businessplan

> *Anlagen*
> Anlage 1 Weitere Informationen über die Gründer
> Anlage 2 Patentrecherche
> Anlage 3 Projektplan
> Anlage 4 Deutsche Brennerhersteller
> Anlage 5 Brennerverkaufsstatistik
> Anlage 6 Gründungsunterstützung durch das Förderprogramm FUTOUR des BMBF
> Anlage 8 Planungstabellen
> Anlage 9 Entwicklung und Herstellung Handgerät, Angebot des Elektronikers
>
> (Quelle für dieses Beispiel: Businessplan-Wettbewerb 2000 von der Investitionsbank Berlin und der Vereinigung der Unternehmensverbände in Berlin und Brandenburg e. V.; Träger des Wettbewerbs sind die Hochschulen in Berlin und Brandenburg.)
>
> 43

Wer hilft weiter bei Einzelfragen?

Generell können Sie sich bei der Erstellung eines Businessplans an alle Handelskammern, Existenzgründungsberatungsstellen der Banken, Wirtschaftsförderungsgesellschaften der Länder sowie die regionalen Netzwerke (siehe Seite 156 ff.) wenden. Gerade diese Netzwerke sind es, die Ihnen auch besondere Formen der Unterstützung und Beratung in Form von Coaches und Senioren-helfen-jungen-Unternehmern oder Business Angels bieten.

Von Erfahrungen anderer profitieren

Coaches

Für jede Unternehmensgründung gilt: Nicht nur die Idee zählt – das Geschäftskonzept muss stimmen. Wer aus einem technologieorientierten Impuls heraus ein Unternehmen gründen möchte, sollte betriebswirtschaftlichen, rechtlichen und steuerrechtlichen Expertenrat einholen. Die regionalen Netzwerke stellen Kontakte zwischen jungen Existenzgründern und Coaches her. Ein Coach hat entweder Managementerfahrung oder ist erfolgreicher Unternehmer. Mit seinen Erfahrungen in den Bereichen Finanzierung, Markteinführung, Marketing, Recht und Steuern unterstützt er aktiv den Gründer bei der Einführung des Produktes oder der Dienstleistung in den Markt und begleitet ihn in die Selbstständigkeit. Die Gründer profitieren von seinem fachspezifischem Know-how und seinen Kontakten in der Branche.

Sie haben dadurch die Chance, Probleme zu erkennen und entsprechend Risiken in der Gründungsphase zu reduzieren. In der Regel stellen die Coaches ihr Wissen kostenlos zur Verfügung und erhalten eine Aufwandsentschädigung.

Business Angels

Die regionalen Netzwerke haben es sich zum Ziel gemacht, die Existenzgründungen nicht nur zu fördern, sondern ein Netz aus Ideenträgern, Unternehmern und Kapitalgebern aufzubauen.

Im Vordergrund steht hier die Idee, dass erfahrene Personen aus der Wirtschaft die jungen Unternehmen bereits in der frühen Phase ihrer Gründung unterstützen. Wie die Coaches, stehen auch die Business Angels mit Fachwissen, Führungs- oder Beraterqualitäten und Kontakten den Existenzgründern zur Seite. Aber – im Unterschied zu jenen – investieren sie auch eigenes Kapital.

Wenn anderen Kapitalgebern das Risiko noch zu groß ist, steigt der Business Angel bereits ein, nämlich in der ganz frühen Phase der Gründung. Das Konzept des Gründers muss also nicht nur gut sein, sondern auch wirkliche Wachstumschancen haben, damit es sich für einen Business Angel „lohnt", in ein neues Unternehmen zu investieren. Früchte erntet er erst, wenn „der Laden richtig läuft" und die ersten kritischen Jahre überstanden sind, denn etwa die Hälfte aller Neugründungen überlebt die ersten fünf Jahre nicht. Und im Gegensatz zu anderen Kapitalgebern geben sich die Business Angels oft mit vergleichsweise niedrigen Renditen zufrieden, da sie persönlich hinter dem Engagement von innovativen Unternehmen stehen. Business Angels verfügen aber nicht nur über finanzielle Mittel – durch ihre langjährigen Erfahrungen haben sie die nötigen Kontakte und Beziehungen innerhalb der Branche und davon profitieren die Jungunternehmer. Der Business Angel beteiligt sich an der Entwicklung des Unternehmens, gibt Tipps und unterstützt bei wichtigen Entscheidungen, ohne dabei die Rolle des Geschäftsführers zu übernehmen. Zur Zeit gibt es in Deutschland rund 27 000 Business Angels – das Potenzial an informellen Investoren liegt bei circa 211 000 Personen und das Investitionsvolumen wird auf 9,5–12,5 Millionen DM geschätzt.

Stolperfalle Einzelgängertum

Möglicherweise sind Sie ein Typ, der lieber mit dem Kopf durch die Wand will, als sich auf fremde Hilfe zu verlassen. Sie sollten sich aber genau überlegen, was Sie tun. Wie oben aufgezeigt, stehen Ihnen nicht nur gutwillig gesonnene Institutionen und Einzelpersonen zur Verfügung. Mitunter können Sie auch Glück haben, dass sich Ihnen die Tür zu einem Business Angel öffnet – was eine Kapitalbeteiligung zu ausgesprochen günstigen Bedingungen bedeutet. Verlassen Sie sich also niemals nur auf sich selbst. Unternehmertum ist eine ausgesprochen komplizierte Angelegenheit, allein die Zahl derjenigen Existenzgründer, die in den ersten fünf Jahren scheitern – es sind 50 Prozent aller Existenzgründer – sollte Ihnen zu denken geben. Suchen den Rat von Experten. Nicht nur an Ihrer Universität oder Hochschule. Auch bei den Kammern und anderen Institutionen, bei den Existenzgründungsinitiativen und regionalen Netzwerken. Ihre künftigen Mitarbeiter und Ihre eigene Geldbörse werden es Ihnen danken.

Besonders kritisch: die ersten 5 Jahre

Wer hilft weiter bei Einzelfragen?

Die clevere Finanzierung

Solide Finanzierung ist das A und O

Der häufigste Grund, warum Existenzgründer wenige Monate nach dem Start des Unternehmens scheitern, liegt in einer fehlerhaften Finanzplanung. Deshalb sollten Sie, bevor Sie sich auf den eigenen unternehmerischen Weg machen, über Ihren Finanzbedarf völlig im Klaren sein. Sicherlich stehen Ihnen bei der Erstellung eines Finanzplanes fachkundige Experten von Banken, Sparkassen oder Industrie- und Handelskammer zur Seite. Auch die regionalen Existenzgründungsinitiativen helfen Ihnen bei der Erstellung eines Finanz- oder Businessplanes. Dennoch sollen Ihnen hier Beispiele mit auf den Weg gegeben werden, anhand derer Sie sich eine erste Orientierung über Ihren Finanzbedarf und ihre Finanzierungsstrategien verschaffen können.

UNSER TIPP Sprechen Sie in allen Geldangelegenheiten immer mit Ihrem Berater, der aus der Kammer oder aber von Ihrer Bank kommt. Verlassen Sie sich niemals auf Ihre eigene Kalkulation, ohne sich von fachkundiger Seite abgesichert zu haben.

Wie viel müssen Sie investieren?

Ermitteln Sie zunächst die Höhe der notwendigen Investitionen. Wie viel Geld benötigen Sie langfristig für Anschaffungen, also Grundstücke, Gebäude, Maschinen, Fahrzeuge, technische Ausstattungen? Wie viel Geld benötigen Sie kurz- und mittelfristig zum Beispiel für die Einrichtung des ersten Material- und Warenlagers? Oder für Außenstände und besondere Belastungen in der Gründungsphase? Sie müssen Anschaffungen vornehmen, die Sie über Kredite finanzieren. Wie hoch ist Ihre laufende Belastung zur Rückzahlung von Ratenkrediten? Was ist bei unvorhersehbaren Ereignissen? Planen Sie daher immer eine Reserve ein.

Die laufenden Kosten können Sie nicht langfristig über Kredite finanzieren. Sie müssen also, bevor Sie starten, sich einen exakten Überblick darüber verschaffen, wie viel Geld Sie schon in der Startphase Ihres Unternehmens zur Kostendeckung einnehmen müssen. Eine wichtige Frage ist daher: Wann kommt das erste Geld rein? Wie groß muss das erste finanzielle Polster sein, mit dem Sie die laufenden Kosten bis zur Deckung durch laufende Einnahmen absichern können? Und – diese Frage wird oft vernachlässigt – wie hoch sind Ihre Kosten, bevor Ihr Unternehmen startet? Und wie können Sie diese Kosten finanzieren?

Wann kommt das erste Geld?

UNSER TIPP Ziehen Sie bei der Kostenerstellung einen Fachmann zurate, der den Weg einer Existenzgründung schon gegangen ist. Sie werden überrascht sein, welche Kostenfaktoren Sie noch nicht berücksichtigt haben, obwohl Sie glaubten, an alles gedacht zu haben.

„Nur das Beste ist für mich gut genug." Das Beste aber ist in der Regel teuer. Was also tun, wenn Sie nicht über genügend Startkapital verfügen, um sich teure Anschaffungen leisten zu können? Sie müssen sparen.

Nur wo? Sparen am falschen Ort kann nicht nur Kunden verschrecken, wenn eine Büroausstattung beispielsweise aussieht, als käme sie direkt vom Sperrmüll. Andererseits können Sie Büroeinrichtungen, Geräte, Anlagen, Maschinen und Fuhrpark mitunter für ein Viertel des Neupreises erwerben, wenn Sie sich gründlich umschauen. Das Internet ist dafür eine neue und hilfreiche Einrichtung. Aber auch die Gründerzentren vermitteln Ihnen Kontakt zu Händlern, die gebrauchte Waren verkaufen. Büroauflösungen, Zwangsversteigerungen o. Ä. sind zudem eine Quelle für günstige Angebote.

Günstige Büroausstattungen

Die folgende Auflistung kann Ihre Anfangskosten reduzieren, ohne dass Sie auf notwendige Ausstattungen verzichten zu müssen:
- Leasing von Maschinen, Fahrzeugen und Geräten kann Ihren Anfangsetat spürbar entlasten. Aber Achtung: Langfristig ist Leasing in der Regel teuer, Sie sollten sich die verschiedenen Angebote genau durchrechnen und vergleichen;

Einsparmöglichkeiten

Wie viel müssen Sie investieren?

- Mit dem „Sale-lease-back"-Verfahren können Sie Steuern sparen: Sie verkaufen Ihre Immobilie, um sie anschließend zu mieten;
- Lohn- und Einrichtungskosten können Sie in der Gründungsphase sparen, indem Sie einen Teil der Arbeiten „outsourcen". Sie lassen Arbeiten außer Haus entrichten und engagieren freie Mitarbeiter.
- Wenn andere Unternehmen ähnliche oder gleiche Produkte herstellen bzw. einkaufen, können Sie möglicherweise kooperieren, um günstigere Konditionen zu erhalten;
- Der bewusste Umgang mit Energie und Rohstoffen ist nicht nur ökologisch sinnvoll, sondern kann ökonomisch zu einer erheblichen Einsparung beitragen;
- Letztlich gibt es Unternehmen, die besondere Arten von Dienstleistungen bereithalten: z. B. einen Empfangs- und Sekretariatsservice, Auto- oder Gerätesharing, d. h. die gemeinsame Nutzung von Fahrzeugen oder Geräten durch mehrere Teilnehmer.

UNSER TIPP Sicherlich gibt es noch mehr Sparmöglichkeiten. Gehen Sie Ihre Anschaffungen und Ihre Startkosten sorgfältig durch und prüfen Sie genau, was Sie wirklich benötigen. Lieber zunächst sparen, um später dann mehr investieren zu können.

Der folgende Plan gibt Ihnen Anhaltspunkte darüber, was Sie in der Startphase des Unternehmens benötigen.

Was Sie für den Anfang benötigen

Kapitalbedarfsplan
Investitionen zur Herstellung der Leistungsbereitschaft
- Grundstück;
- Gebäude;
- Umbaumaßnahmen;
- Maschinen, Geräte;
- Geschäfts-, Ladeneinrichtung;
- Fahrzeug;
- Reserve für Folgeinvestitionen;
- Reserve für Unvorhergesehenes;
- *Gesamt.*

Die clevere Finanzierung

Für die Leistungserstellung notwendiger Kapitalbedarf
- Roh-, Hilfs- und Betriebsstoffe;
- unfertige Erzeugnisse/Leistungen;
- fertige Erzeugnisse und Waren;
- Forderungen/Außenstände;
- Reserve für besondere Belastungen;
- *Gesamt.*

Gründungskosten
- Beratungen;
- Anmeldungen/Genehmigungen;
- Eintragung ins Handelsregister;
- Notar;
- Patentanmeldung;
- *Gesamt.*

Kapitaldienst
- Zinsen und Tilgungskosten;
- Privatentnahmen;
- *Gesamt.*

Finanzierungsplan

Sie haben nun Ihren Kapitalbedarf ermittelt. Jetzt stellt sich die Frage, woher nehmen Sie das Geld? In der Regel wird das Eigenkapital nicht so hoch sein, dass Sie ohne fremde Hilfe ein Unternehmen gründen können. Je mehr Eigenkapital Sie aber haben, umso besser ist es: Sie brauchen weniger teures Fremdkapital, Sie haben ein Risikopolster, mit dem Sie finanzielle Engpässe meistern können und Sie gelten Ihren Geldgebern gegenüber als kreditwürdiger. Denn wer bereit ist, mehr eigenes Geld in seine Idee zu stecken, erscheint selbstbewusst und risikofreudig, erweckt mehr Vertrauen und erhält somit auch mehr fremdes Kapital.

Fremdfinanzierung meistens vonnöten

Eigenkapital

Bevor Sie also zu Ihrer Bank gehen und um einen Kredit anhalten, sollten Sie sich Punkt für Punkt überlegen, wie viel Eigenkapital Sie aufbringen können:

- Wie hoch sind meine Ersparnisse?
- Kann ich bis zur geplanten Existenzgründung noch weitere Beträge ansparen?
- Welche Kapitalanlagen sind kurzfristig verfügbar?
- Können meine Verwandten mir Geld zur Verfügung stellen? Zu möglicherweise günstigen Konditionen?
- Welche Sachmittel sind schon vorhanden, die ich in das Unternehmen einbringen kann? (Maschinen, Werkzeuge, Fahrzeuge etc.)
- Möchte ich unter Umständen einen Partner oder eine Partnerin aufnehmen, der oder die weitere Eigenmittel in den Betrieb einbringen kann?

> **WICHTIG**
>
> Sie sollten kein Unternehmen gründen, wenn Sie nicht mindestens 20 Prozent des gesamten Kapitalbedarfs an Eigenmitteln aufbringen können.

Quellen für Eigenkapital

Um auf diese Eigenmittel zu kommen, prüfen Sie, aus welchen Quellen Sie schöpfen können:
- Sich bei Verwandten oder Freunden Geld zu leihen, ist riskant: Denn wenn Sie geliehenes Geld nicht zurückzahlen können, weil Sie insolvent sind, zerbrechen womöglich die besten Freundschaften daran.
- Das Eigenkapitalhilfe-Programm der Bundesregierung (EKH). Es bietet Existenzgründern spezielle Fördermittel, die zu „haftenden Eigenmitteln" verhelfen sollen (siehe Kapitel „Förderprogramme").
- Partner bringen Geld herein, aber auch geteilte Verantwortung mit sich. Sie können nicht mehr allein darüber bestimmen, was Sie machen wollen, denn Ihr Partner möchte berechtigterweise mitreden. Deshalb sollten Sie sehr genau prüfen, mit wem Sie das Wagnis einer Unternehmensgründung eingehen; menschliche Abgründe tun sich oft erst nach dem zweiten und dritten Eindruck und insbesondere in Krisensituationen auf.

- Kapitalbeteiligungsgesellschaften können an die Stelle von Partnern treten. Es sind öffentlich geförderte oder private Beteiligungsgesellschaften, die zu unterschiedlichen Konditionen einsteigen. Die öffentlichen Beteiligungsgesellschaften sind speziell dafür geschaffen worden, jungen Unternehmern, die nicht genügend Eigenmittel aufbringen können, Geld zur Verfügung zu stellen, wenn Banken Kredite wegen mangelnder Sicherheiten nicht geben wollen. Hier sind Beteiligungen schon ab 100 000 Mark möglich. Private Beteiligungsgesellschaften steigen oft erst bei wesentlich höheren Beträgen ein und erwarten in der Regel eine kräftigere Rendite als öffentliche. Die Laufzeiten für die Beteiligungen sind festgelegt, in der Regel zehn Jahre. Kapitalbeteiligungen sind meist stille Beteiligungen, d. h. ohne dass die Gesellschaften nach außen in Erscheinung treten.

UNSER TIPP Wenn Sie sich weiter informieren wollen, wenden Sie sich an den Bundesverband Deutscher Kapitalbeteiligungsgesellschaften, Karolingerplatz 10–11, 14052 Berlin.

Sie benötigen Fremdkapital?

Grundsätzlich haben Sie zwei Möglichkeiten: Einen Kredit als Bankkredit oder als einen öffentlichen Förderkredit aufzunehmen.

Finanzierungsarten

Sie können zu Ihrer Hausbank gehen, die Sie schon längere Zeit kennt. Dort sollten Sie das Einstiegsgespräch führen, ohne sich jedoch sofort auf eine Kreditzusage festlegen zu lassen. Die Banken haben bei der Kreditvergabe oft unterschiedliche Konditionen, Direktbanken sind günstiger als Filialbanken, Ihre Bank um die Ecke kann unter Umständen flexibler sein als die große Bank mit dem internationalen Namen.

Welche Bank ist die Richtige?

Das Darlehen (Kredit)

Ein Darlehen wird Ihnen gewährt zu den aktuellen, sich verändernden Zinssätzen. Wenn Sie es aufnehmen, achten Sie darauf, dass die

Laufzeit des Darlehens nicht länger ist als die Nutzungsdauer der Investition, die Sie tätigen wollen. Ansonsten belasten Sie sich mit Zinsen und Rückzahlungen auf eine unnötig lange Zeit hinaus. Zumal der Vorteil einer langen Laufzeit – die Verbesserung Ihrer Zahlungsfähigkeit durch geringere Raten – den Nachteil der Verteuerung des Darlehens durch längere Laufzeiten möglicherweise nicht aufwiegt. Kredite werden nach Ihrer Laufzeit in kurz-, mittel- oder langfristige unterschieden.

Kurzfristige Finanzierung

Kurzfristige Kredite haben eine Laufzeit von maximal zwölf Monaten.

Kreditvarianten Eine Variante ist der so genannte *Kontokorrentkredit*. Dieser dient als Kredit für Ihr Geschäftskonto, über das alle laufenden Zahlungen abgewickelt werden. Als Finanzierungsmittel für langfristig gebundene Teile Ihres Vermögens ist dieser Kredit untauglich, auch für Anlagegüter eignet er sich nicht. Sie decken mit dem Kontokorrentkredit Ihre laufenden Kosten ab. Der Kreditrahmen sollte einen Monatsumsatz Ihres Unternehmens nicht übersteigen.

Die zweite kurzfristige Finanzierungsform ist der *Lieferantenkredit*. Er entsteht dadurch, dass Sie eine Ware oder eine Dienstleistung nicht bei Erhalt, sondern erst später bezahlen. In der Regel wird für einen solchen Kredit ein zeitlicher Rahmen von 30 Tagen eingeräumt.

Eine immer mehr aus der Mode kommende Kreditform ist der Wechsel. Sie beziehen eine Ware, bezahlen Sie aber erst später. Als Gegenwert bekommt der Lieferant eine Wechselurkunde, auf der Ihr Name und die Gültigkeitsdauer des Wechsels vermerkt sind. Zur Begleichung seiner eigenen Verbindlichkeiten kann der Lieferant diese Urkunde an seine Gläubiger weitergeben (daher der Name „Wechsel"), natürlich nur innerhalb der Gültigkeitsdauer des Wechsels. Sie als Schuldner müssen am Stichtag demjenigen, der als Letzter diesen Wechsel besitzt, zurückzahlen.

Mittelfristige/langfristige Finanzierung

Sie beginnt ab einem Zeitraum von mindestens zwölf Monaten. Für Sie als Existenzgründer ist der mittel- oder langfristige Kredit in-

Die clevere Finanzierung

teressant, wenn Sie für Ihr Unternehmen Anlagevermögen finanzieren müssen, wie z. B. Grundstücke, Gebäude, Maschinen, Fuhrpark o. Ä. Die Laufzeit eines solchen Investitionskredites ist abhängig von der Kreditsumme, Ihrer Zahlungsfähigkeit und den Zinsen. Aber auch hier sollten Sie beachten: Die Laufzeit des Kredits sollte nicht länger sein als die Nutzungsdauer der Investition, die Sie tätigen wollen. Scheuen Sie sich nicht davor, Schulden zu machen. Es ist nichts Ehrenrühriges daran, kein Unternehmen kommt ohne einen Kreditrahmen bei Banken oder anderen Geldinstituten aus. Die folgende Liste bietet Ihnen aber Anhaltspunkte dafür, was Sie beachten sollten, wenn Sie einen längerfristigen Kredit aufnehmen:

Interessant für Anlagevermögen

Checkliste für längerfristige Kredite

- gehen Sie als Erstes zu Ihrer Hausbank, bei der man Sie schon längere Zeit kennt. Diese kennt sich sowohl mit Ihren als auch mit den örtlichen Verhältnissen aus und kann Ihnen in einem ersten Beratungsgespräch sicherlich weiterhelfen:
- gehen Sie nicht als Erstes zu einer x-beliebigen Bank gleich um die Ecke, die weder Sie kennen noch wo Sie bekannt sind. Dort wird man Ihnen sicherlich mit größerer Skepsis begegnen als in Ihrer Hausbank:
- vergleichen Sie. Prüfen Sie Leistungen und Konditionen möglichst vieler Kreditinstitute und suchen Sie sich dann die günstigste aus:
- Sie sollten sich eine Bank oder ein Kreditinstitut aussuchen, das zu Ihrer Branche oder Ihrem Vorhaben passt. Es kann für Sie von Vorteil sein, wenn Sie sich an eine branchenübliche Bank wenden. Dort sind die Konditionen für Ihr spezielles Vorhaben möglicherweise günstiger als anderswo (Apotheker- und Ärztebank, Raiffeisenbanken etc.):
- verhandeln Sie schon frühzeitig über Kreditkonditionen, um mit anderen Angeboten vergleichen zu können. Ihre Sorgfalt wird von dem Kreditinstitut als vertrauenswürdig eingeschätzt werden;
- reden Sie nicht mit „kleinen Angestellten", sondern mit den Entscheidern in der Bank. Als Existenzgründer haben Sie ein Recht darauf; Zweigstellenleiter, Filialdirektoren oder Leiter von Sonderkreditabteilungen sind nicht nur für Großkunden da;
- wenn Sie zur Bank gehen, nehmen Sie Ihr unternehmerisches Konzept, Ihre Rentabilitätsvorschau, Ihren Finanzierungsplan

Sie benötigen Fremdkapital?

und eventuell vorhandene Empfehlungen und Referenzen mit. Damit geben Sie Ihrem Gesprächspartner das Gefühl, bei einem durchdachten, aussichtsreichen und sicheren Vorhaben mitzuwirken! Gehen Sie selbstbewusst zur Bank und lassen Sie sich nicht in die Rolle des Bittstellers drängen. Es ist das Geschäft der Banken, Geld zu verleihen. Wenn Ihr Kreditgesuch abgelehnt wird, lassen Sie sich diese Ablehnung ausreichend begründen. Gegebenenfalls sollten Sie dann Ihr Konzept noch einmal überarbeiten – eventuell mithilfe eines fachkundigen Gründungsberaters.

Wenn die Bank auf mehr Sicherheiten für einen Kredit pocht, erkundigen Sie sich nach Besicherungshilfen der Bürgschaftsbanken, die es in jedem Bundesland gibt.
- Und noch ein psychologischer Tipp: Je mehr Sie Ihren Banker als kompetenten Gesprächspartner behandeln, desto größer wird natürlich seine Bereitschaft sein, Sie mit Ihrem Anliegen ernst zu nehmen.

Aspekte Ihrer Kreditwürdigkeit

Jedes Kreditinstitut wird, wenn es einen Kredit an Sie vergibt, Sicherheiten verlangen. Wie hoch diese sind, hängt von Ihrer Kreditwürdigkeit ab. Und davon natürlich, wie viel Geld Sie aufnehmen wollen. Ihre Kreditwürdigkeit setzt sich aus verschiedenen Faktoren zusammen:
- ob Sie Schulden haben, frühere Kredite pünktlich zurückgezahlt haben;
- Ihrer Qualifikation und Einsatzbereitschaft;
- Ihr überzeugendes Unternehmenskonzept wird einen wesentlichen Teil zu der Kreditwürdigkeit beitragen;
- wenn Sie eine Erfolg versprechende Rentabilitätsvorschau vorlegen, erhöht sich Ihre Kreditwürdigkeit;
- je mehr Sicherheiten Sie vorlegen, desto eher wird Ihnen ein Kredit gewährt.

Welche Arten von Sicherheiten gibt es?

Wenn Sie ein *Haus* oder eine *Wohnung als Eigentum* besitzen, können Sie die Grundschulden oder auch Hypotheken als Sicherheiten hinterlegen.

Die clevere Finanzierung

Sie bringen einen *Bürgen* bei. Dieser verpflichtet sich, im Zweifel der Bank gegenüber für die Kreditsumme aufzukommen. Der Höchstbetrag wird in einem Bürgschaftsvertrag gesondert geregelt. Bei einer Ausfallbürgschaft sichert eine Bürgschaftsbank den Kredit gegenüber der Bank ab (siehe auch Seite 135).

Wenn Sie eine *Lebensversicherung* abgeschlossen haben, kann die bis zum Zeitpunkt der Kreditaufnahme eingezahlte Summe als Sicherheit gegeben werden.

Gleiches gilt für *Bausparverträge,* dort dient das angesparte Guthaben einschließlich der Zinsen als Garantie.

Wenn Sie *Festgelder, Sparguthaben, Sparbriefe* besitzen, können diese in voller Höhe als Sicherheit hinterlegt werden. Festverzinsliche Wertpapiere werden in der Regel zu 75 Prozent des Kurswertes anerkannt, bei inländischen Aktien gelten 50 Prozent des Kurswertes als Sicherheit.

Bei der Anschaffung von Maschinen, Geräten, Einrichtungen oder Fahrzeugen können diese Gegenstände *sicherheitsübereignet* werden. Das bedeutet, dass diese Gegenstände zwar in Ihrem Besitz bleiben, aber bis zur Abzahlung des Kredites in das Eigentum der Bank übergehen. Bewertet wird in solchen Fällen der Preis, den die Bank bei einer eventuellen Veräußerung voraussichtlich erzielen wird.

Schließlich können Sie eine *Forderungsabtretung* vornehmen. Die Bank übernimmt in diesem Fall noch nicht bezahlte Rechnungen Ihrer Kunden, jedoch nur zu einem bestimmten Prozentsatz.

Gute Vorbereitung auf das Bankgespräch ist das A und O

Bevor Sie zu einer Bank gehen, um Geld aufzunehmen, sollten Sie sich gründlich vorbereiten. Je besser dies geschieht, desto höher sind Ihre Aussichten, einen Kredit eingeräumt zu bekommen. Die folgende Checkliste gibt Ihnen Anhaltspunkte dafür, wie Sie sich auf ein Bankgespräch vorbereiten können:

- Sie haben Ihr unternehmerisches Konzept, Ihre Investitions- und Rentabilitätsplanung sowie die Absatzplanung abschließend prüfen lassen und nehmen sie zum Bankgespräch mit;
- Sie erkundigen sich vorab bei der Bank, welche Unterlagen Sie zusätzlich benötigen und mitbringen sollen;

Checkliste zur Vorbereitung auf das Bankgespräch

Sie benötigen Fremdkapital?

- es reicht nicht, wenn Sie Ihrem Gesprächspartner das schriftliche Konzept und Ihre Rechenexempel einfach nur vorlegen. Sie müssen ihm Ihr Anliegen mündlich, möglichst überzeugend noch einmal vortragen;
- die Papiere dienen zur Untermauerung Ihres Vortrages und sind für die Akten der Bank bestimmt. Üben Sie also vorher, was Sie Ihrem Gesprächspartner sagen und wie Sie es ihm sagen. Gelingt Ihnen ein guter und glaubwürdiger Vortrag, ist die Hälfte Ihres Anliegens schon erreicht;
- Sie können einen Berater oder Teilhaber mit zu dem Gespräch nehmen. Aber reden sollten Sie. Es überzeugt einen Banker nicht, wenn Sie das, was Sie von ihm wollen, nicht einmal selbst vortragen können. Mit Ihrem Teilhaber sollten Sie vorab eine genaue Rollenverteilung vornehmen, damit Sie dann im Gespräch als eine Einheit auftreten. Für Gründerinnen gilt (leider): Wenn Sie einen männlichen Partner mitnehmen, klären Sie mit diesem vorher ab, dass Sie den Hut aufhaben. Banker nehmen oft Frauen als Gesprächspartner zumal dann nicht ernst, wenn Sie in männlicher Begleitung erscheinen;
- treten Sie sicher auf. Machen Sie sich im Vorfeld klar, dass Sie nicht als Bittsteller, sondern überzeugter und überzeugender Geschäftsmann zur Bank gehen. Machen Sie Ihrem Gegenüber klar, dass Sie sehr gut informiert sind und Ihr Vorhaben gründlich abgewogen haben;
- bieten Sie dem Banker die Möglichkeit einer weiteren Zusammenarbeit an. Machen Sie ihm deutlich, dass die Bank Partner eines künftig erfolgreichen Unternehmens ist;
- bereiten Sie sich auf eventuelle Problemfelder vor, auf die die Bank Sie ansprechen könnte. Damit beweisen Sie Kompetenz, wenn Sie in einem solchen Fall befriedigende Antworten geben können;

Öffentliche Fördermittel über die Bank beantragen

- beharren Sie gegenüber der Bank auf der günstigsten Finanzierungsmöglichkeit: Das sind in der Regel öffentliche Fördermittel, die um ein Hausbankdarlehen ergänzt werden können. Sollte der Einwand kommen, für die öffentlichen Fördermittel seien die Billigungsverfahren zu umständlich und langwierig, bleiben Sie fest. Aufgrund der geänderten technologischen

Voraussetzungen dauern die Verfahren mittlerweile kaum noch eine Woche. Vor allem bewährt es sich, wenn Sie die entsprechenden Förderprogramme schon kennen, die Sie bewilligt haben möchten. Dies macht einen informierten Eindruck, zumal Ihnen dann auch niemand sagen kann, dass ausgerechnet auf Ihre Investition kein Förderprogramm zutrifft;
- lassen Sie sich im Vorfeld von mehreren Stellen beraten. Vereinbaren Sie Termine mit mehreren Banken, da nicht gleich der erste Anlauf bei einer Bank klappen wird. Oft braucht es mindestens drei Gespräche bei unterschiedlichen Banken, bis ein Kredit bewilligt wird;
- knüpfen Sie im Vorfeld Kontakte zu möglichen Geschäftspartnern. Eine Referenzliste dieser Partner, die schon im Vorfeld Interesse an Ihrem Produkt zeigen, macht Eindruck auf die Geldgeber.

Öffentliche Starthilfen: Förderprogramme

Kredite von privaten Geldinstituten sind das eine. Bauen Sie aber auf keinen Fall nur darauf. Sie können öffentliche Fördermittel beantragen, Bund und Länder unterstützen Sie als Existenzgründer. Gerade in Zeiten der anhaltenden Massenarbeitslosigkeit setzen Landes- und Bundesregierungen darauf, dass immer mehr Menschen das Risiko einer eigenen Existenzgründung eingehen. Mit jeder Existenzgründung sind im Durchschnitt fünf oder sechs neue Arbeitsplätze verbunden. Innerhalb der ersten fünf Jahre eines Existenzgründungsunternehmens verdoppelt sich diese Anzahl sogar pro Unternehmen auf zehn bis zwölf Arbeitsplätze. Das wird honoriert durch günstige und langfristig rückzahlbare Darlehen, die sich durch wesentlich bessere Konditionen auszeichnen als Bankkredite.

Grundsätzlich müssen Sie öffentliche Fördermittel bei Ihrer Hausbank beantragen. Gehen Sie keine finanziellen Bindungen ein, ohne sich zuvor über die Möglichkeiten informiert zu haben, die Ihnen als Existenzgründer durch öffentliche Förderprogramme zustehen.

Politische Unterstützung von Existenzgründern

> **WICHTIG**
>
> Beantragen Sie öffentliche Fördermittel bei Ihrer Hausbank immer vor Beginn Ihres Vorhabens. Im Nachhinein werden solche Mittel nicht mehr bewilligt – mit einer Ausnahme, der Investitionszulage. Diese gilt aber nur für die neuen Bundesländer. Lassen Sie sich nicht abwimmeln: In der Regel trifft auch auf Sie ein Förderprogramm zu.

Die Deutsche Ausgleichsbank (DtA)

Die Deutsche Ausgleichsbank (DtA) ist die staatliche Gründerbank. Sie greift da ein, wo sich in der Marktwirtschaft Unternehmensgründungen, die mit Hoffnung auf eine langfristige Perspektive gegründet werden, ohne öffentliche Finanzierungshilfen erheblich verzögern oder erschweren würden. Von 1990 bis 1998 förderte die DtA in Deutschland rund 44 000 Existenzgründungen pro Jahr. Nur 45 von 1 000 Unternehmen, die auf diese Weise gefördert wurden, mussten innerhalb der ersten fünf Jahre Konkurs anmelden. Dabei ist die Förderung der DtA nicht mit einer Einmischung in die unternehmerische Entscheidungsfreiheit verbunden. Sie als Gründer sind, wenn Sie Förderungen der DtA in Anspruch nehmen, eigenständig in der Wahl des Wirtschaftszweiges, des Standortes, der Rechtsform und – jedenfalls weitgehend – frei in dem Einsatz der Finanzierungsmittel. Das heißt: Ob Sie sich als Biotechnologie-Unternehmen, als Umweltschutz-Unternehmen, als Multimedia-Agentur, als gentechnisch oder pharmazeutisch orientiertes Unternehmen gründen, als GmbH, als OHG oder in einer anderen Rechtsform etablieren: sie können in allen Fällen Fördermittel der DtA in Anspruch nehmen. Auch beim Einsatz der Fördermittel ist die Bandbreite groß. Sie können darüber Baumaßnahmen oder Grundstückskosten finanzieren, die Betriebsausstattung abrechnen oder andere Firmen mit Fördergeldern aufkaufen. Wenn Sie ein Warenlager aufbauen, stehen Ihnen diese Mittel ebenfalls zur Verfügung. Auch für Eröffnungswerbung oder Schulungskosten im Vorfeld Ihrer Betriebseröffnung, also für Kosten der Markterschließung, lassen sich diese Fördermittel einsetzen.

Unternehmerische Freiheit bleibt gewahrt

Die clevere Finanzierung

UNSER TIPP Verlassen Sie sich nicht nur auf die Finanzierung Ihres Vorhabens durch die Hausbank. Öffentliche Fördermittel erleichtern Ihnen den Einstieg, sind in der Regel günstiger als Bankkredite und lassen sich vielseitig einsetzen. Die Deutsche Ausgleichsbank ist ein gutes Beispiel, wie Sie zu günstigen Konditionen an Startkapital kommen.

Förderprogramme der DtA

Der folgende Überblick über die unterschiedlichen Fördermöglichkeiten und -programme soll Ihnen einerseits eine Entscheidungshilfe dafür bieten, wie Sie in das Gespräch mit Ihrer Hausbank gehen können und zum anderen Mut machen, den Schritt in die Selbstständigkeit als Existenzgründer zu wagen. Die DtA bietet folgende Finanzierungsinstrumente für Existenzgründer an:

Finanzierungsinstrumente der DtA

- ERP-Eigenkapitalhilfe zur Aufstockung vorhandener Eigenmittel;
- Eigenkapitalergänzungsdarlehen;
- langfristige Darlehen aus dem ERP-Sondervermögen;
- langfristige Darlehen aus eigenen Mitteln der Bank;
- zinsgünstige Darlehen zur Betriebsmittelfinanzierung;
- Beteiligungskapital für kleine Technologieunternehmen;
- Bürgschaften und Haftungsfreistellungen.

Diese Instrumente werden von der DtA in folgenden Förderprogrammen für Existenzgründer gebündelt:

Förderprogramme

- ERP-Eigenkapitalhilfeprogramm (EKH);
- Eigenkapitalergänzungsdarlehen;
- ERP-Existenzgründungsdarlehen;
- Existenzgründungsprogramm der deutschen Ausgleichsbank;
- DtA-Startgeld;
- DtA-Bürgschaften neue Länder;
- Beteiligungskapital für kleine Technologieunternehmen;
- DtA-Technologie-Beteiligungen;
- Futour;
- Darlehen zum Umweltschutz und zur Energieeinsparung.

Öffentliche Starthilfen: Förderprogramme

ERP-Eigenkapitalhilfeprogramm

Das European-Research-Program (ERP)-Eigenkapitalhilfedarlehen (EKH) hat zum Ziel, Existenzgründern zumindest für die ersten zehn Jahre der Existenzgründung Eigenkapital zu verschaffen. Das Geld wird als Darlehen gewährt, hat aber zunächst die Funktion von Eigenkapital: Die ersten zehn Jahre steht es in voller Höhe zur Verfügung, erst dann erfolgt eine schrittweise Tilgung. Auch fallen in den ersten zehn Jahren keine Zinsen an, sodass sich auch die zurückzuzahlende Summe erst nach frühestens drei Jahren verzinst. Sollte das Unternehmen in der Zeit, in der das EKH in Anspruch genommen wird, zahlungsunfähig werden, wird die DtA nicht auf das Privatvermögen des Unternehmers, sondern nur auf das Firmenvermögen Anspruch erheben.

Wer hat Anspruch darauf?

Anspruch auf das EKH hat jeder, der eine Vollexistenz als Unternehmer anstrebt und als fachlich und kaufmännisch qualifiziert gilt. Wenn Sie also ein solches Darlehen beantragen, müssen Sie einen gründlichen Investitions-, Kosten- und Finanzierungsplan vorlegen. Zusätzlich verlangt die DtA die Stellungnahme einer unabhängigen, fachlich kompetenten Institution, zum Beispiel der Handels- oder Handwerkskammer, eines Wirtschaftsprüfers oder Steuerberaters.

Voraussetzung ist allerdings in der Regel, dass Sie 15 Prozent der gesamten Investition als Eigenkapital beisteuern können. Dazu zählen:
- Bargeld und Bankguthaben;
- Sacheinlagen, sofern sie in Form betriebsnotwendiger Güter eingebracht werden – Fuhrpark, EDV, Büromittel usw.;
- Darlehen, die von Privatpersonen oder auch Banken in das Unternehmen eingebracht werden;
- Finanzmittel, die durch die Beleihung von Immobilien, anderen Vermögensgegenständen oder Lebensversicherungen mobilisiert werden.

Neue Bundesländer

Ausnahmen von diesen Regeln werden möglicherweise dann gemacht, wenn Sie besonders innovative Vorhaben angehen, Sie aus den neuen Bundesländern stammen und in den neuen Bundesländern investieren wollen oder Ihr Vorhaben ein Volumen von

500 000 Euro übersteigt und die DtA zu der Einschätzung kommt, dass Sie die Rückzahlung dennoch leisten können, weil Ihr Unternehmen als langfristig solvent eingestuft wird.

Was wird gefördert? Mit Ausnahme von landwirtschaftlichen Betrieben wird nahezu alles unterstützt, was man als Unternehmen gründen kann. Also: Handwerk und Handel, Industrie und Dienstleistung, Steuerberater, Ingenieurbüro oder freischaffender Künstler. Auch der Kauf von Unternehmen kann aus diesen Mitteln bestritten werden. Voraussetzung ist allerdings, dass die Geschäftseröffnung dieser Unternehmen in den alten Bundesländern höchstens zwei, in den neuen Ländern höchstens vier Jahre zurückliegt. Bei der Höhe des EKH-Programms sind allerdings Grenzen gesetzt. In der Regel darf die Eigenkapitalhilfe maximal 40 Prozent des kompletten Investitionsbedarfes abdecken, dabei sind die 15 Prozent Eigenmittel eingerechnet. Der absolute Höchstbetrag an Förderung liegt bei 500 000 Euro.

Bei der Antragstellung für diese Mittel müssen Sie darauf achten, dass Sie Ihr Vorhaben noch nicht begonnen haben, also noch keine Kaufverträge für die Investition unterzeichnet haben, für die Sie die EKH-Mittel verwenden wollen. Informieren Sie sich also zunächst umfassend über die für Ihr Vorhaben zur Verfügung stehenden Fördermittel. Handels- und Handwerkskammer, Unternehmens- und Steuerberater, Wirtschaftsprüfer und Fachverbände sowie die DtA selbst beraten Sie in diesem Zusammenhang. Bei diesen Stellen erhalten Sie auch die für die DtA notwendige fachliche Stellungnahme.

Zeitpunkt für Antragstellung

Dann folgt das Gespräch mit Ihrer Bank, über die der Antrag für das Fördervorhaben laufen soll. Achten Sie darauf, dass die Bank das Gesprächsergebnis protokolliert – dies ist sowohl für Sie als auch für die DtA wichtig, denn anhand des Protokolls wird festgestellt, dass Sie Ihr Vorhaben noch nicht begonnen haben. Die Bank leitet die gegebenenfalls erfolgte Bereitschaft zur Finanzierung des Vorhabens an die DtA weiter. Erteilt diese ebenfalls Ihr Einverständnis zur Förderung des Vorhabens, erstellt wiederum die Hausbank einen Darlehensvertrag, der aus Haftungsgründen sowohl vom Antragsteller als auch gegebenenfalls von seiner Ehefrau unterschrieben wird. Sodann können Sie nach Eingang des Geldes diese Mittel für

Öffentliche Starthilfen: Förderprogramme

Ihr Vorhaben verwenden. Achten Sie darauf, dass Sie Ihre Aufwendungen protokollieren, denn Sie müssen einen Verwendungsnachweis erstellen, in dem Sie die Verwendung des Geldes belegen.

DAS ERP-EIGENKAPITALHILFEDARLEHEN AUF EINEN BLICK

- **Laufzeit:** 20 Jahre, davon die ersten zehn Jahre tilgungsfrei;
- **Zinsen:** 1. und 2. Jahr: 0 Prozent,
  3. Jahr: 3 Prozent,
  4. Jahr: 4 Prozent,
  5. Jahr: 5 Prozent,
  ab dem 6. Jahr marktüblicher Zins bis zum 10. Jahr, danach Neufestlegung für die Restlaufzeit. Für die neuen Bundesländer liegt der Zinssatz 0,5 Prozent p. a. unter dem Zins für die alten Bundesländer.
- **Höchstbeträge:** – 500 000 Euro für alle Vorhaben
  – 1 Million Euro für Re-/Privatisierungen in den neuen Bundesländern
  – Maximal 40 Prozent der Investitionssumme, bei Innovationen in den neuen Ländern auch darüber hinaus. Insgesamt wird der Eigenanteil von 15 Prozent einbezogen.
- **Auszahlung:** 96 Prozent
- **Haftung:** Der Antragsteller haftet persönlich, weitere Sicherheiten sind nicht erforderlich. Wenn der Antragsteller verheiratet ist, haftet der Ehepartner bedingt mit.

Eigenkapitalergänzungsdarlehen
Im Unterschied zum Eigenkapitalhilfedarlehen können Sie durch das Eigenkapitalergänzungsdarlehen nur Maßnahmen finanzieren, die ausschließlich für die neuen Bundesländer gedacht sind. Dabei geht es vorwiegend um diejenigen materiellen und immateriellen Investitionen, die noch nicht durch andere Förderprogramme mit

Gilt nur für die neuen Bundesländer

Die clevere Finanzierung

Haftkapitalcharakter finanziert wurden. Gefördert werden zum Beispiel Kosten für Markterschließung, Produkteinführung, Schulungen und befristete Managementunterstützung. Außerdem können mit diesem Darlehen Aufwendungen für Forschung und Entwicklung sowie die Vorfinanzierung von Aufträgen abgedeckt werden. Die Höhe der Förderung beschränkt sich auf maximal 60 Prozent der von Ihnen getätigten Investitionen.

Sie können dieses Darlehen in Anspruch nehmen, wenn Sie als gewerblicher Unternehmer – also mit einem schon vorhandenen Betrieb – oder als Existenzgründer einen Jahresumsatz von nicht mehr als 125 Millionen Euro machen. Ausgenommen von der Förderung sind Freiberufler und Betriebe der Land-, Fischerei- und Forstwirtschaft. Die Voraussetzungen für dieses Darlehen:

- Ihre Hausbank finanziert mindestens 40 Prozent der Investitionen in eigener Verantwortung;
- die Gesellschafter Ihres Unternehmens gehen die selbstschuldnerische Mithaftung ein;
- Sie weisen die Erfolgsaussichten Ihres Unternehmens anhand einer realistischen Umsatz-, Kosten- und Ertragsvorschau nach. Zusätzlich müssen Sie die Stellungnahme einer unabhängigen, fachlich kompetenten Institution – Kammer, Wirtschaftsprüfer oder Steuerberater – vorlegen;
- der Antragsweg erfolgt genau wie bei der Eigenkapitalhilfe.

Voraussetzungen für das Eigenkapitalergänzungsdarlehen

DAS EIGENKAPITALERGÄNZUNGSDARLEHEN AUF EINEN BLICK

Ideal für Unternehmen, deren Investitionen in den neuen Ländern an mangelndem Eigenkapital zu scheitern drohen. Das Darlehen lässt sich insbesondere für immaterielle Investitionen nutzen.
- 20 Jahre Laufzeit
- 10 tilgungsfreie Jahre
- Günstige Zinssätze
- Höchstbetrag: bis zu 2,5 Millionen Euro
- Selbstschuldnerische Haftung der Anteilseigner, dingliche Sicherheiten sind nicht erforderlich.

Öffentliche Starthilfen: Förderprogramme

ERP-Existenzgründungsdarlehen

Sie als Existenzgründer, der direkt von der Universität oder Hochschule in die Selbstständigkeit geht, verfügen in der Regel über nicht genug Eigenkapital, um das Unternehmen über die ersten drei bis fünf Jahre aus Eigenmitteln abzusichern. Um so mehr sind Sie darauf angewiesen, Kredite in Anspruch nehmen zu können, die Sie in den ersten Jahren nicht übermäßig belasten, mit denen Sie aber eine verlässliche Kalkulation vornehmen können. Insofern ist das ERP-Existenzgründungsdarlehen eine ideale Starthilfe, um Ihr Unternehmen in den ersten Jahren finanziell abzusichern:

Ideal für die ersten Jahre

- günstige Zinssätze, die in der Regel deutlich unter den marktüblichen Zinsen liegen und auf zehn Jahre festgeschrieben sind;
- in den ersten drei Jahren brauchen Sie das Darlehen nicht zu tilgen, in den neuen Ländern beträgt die tilgungsfreie Zeit fünf Jahre;
- die Laufzeiten betragen bis zu zehn Jahren, in den neuen Ländern bis zu 15 Jahren. Wenn Sie mit diesem Geld Bauvorhaben finanzieren wollen, verlängert sich die Laufzeit um noch einmal jeweils fünf Jahre. Wenn Sie den Kredit vorzeitig zurückzahlen möchten, können Sie dies jederzeit ohne Mehrkosten tun.

Nicht förderberechtigte Berufe

Förderberechtigt sind alle Gewerbetreibenden und alle Freiberufler. Einzige Ausnahme: Angehörige von Heilberufen, wie zum Beispiel Ärzte, Zahnärzte, Apotheker, Masseure, Heilpraktiker, Krankengymnasten und Tierärzte.

Was wird gefördert? Zunächst natürlich die Gründung oder der Kauf eines Unternehmens sowie alle damit zusammenhängenden Investitionen, die der Festigung des Unternehmens dienen. Auch die Finanzierung von Warenlagerinvestitionen können Sie in einem gewissen Umfang mit diesem Darlehen abdecken. Gefördert werden auch der Einstieg in ein anderes Unternehmen, wenn Sie in eine führende Position mit Geschäftsbefugnis einsteigen sowie Betriebsverlagerungen, die einer Neugründung gleichkommen. Dies gilt auch dann, wenn Sie die selbstständige Tätigkeit länger als drei Jahre ausüben.

Sie müssen allerdings Obergrenzen beachten. Sie können die vorgenannten Investitionen in den alten Ländern bis zu maximal

Die clevere Finanzierung

50 Prozent, in den neuen Ländern bis zu maximal 75 Prozent durch das ERP-Existenzgründungsprogramm abdecken. Der absolute Höchstbetrag für eine Förderung liegt in den alten Ländern bei 500 000 Euro, in den neuen Ländern bei einer Million Euro.

Welche Voraussetzungen müssen Sie erfüllen? Wenn Sie dieses Darlehen beantragen, müssen Sie gegenüber der Deutschen Ausgleichsbank Ihre einschlägige fachliche und kaufmännische Qualifikation nachweisen; gegebenenfalls sollten Sie auch Berufserfahrung vorweisen können. Zudem müssen Sie nachweisen, dass das von Ihnen gegründete Unternehmen Ihre Haupterwerbsquelle darstellt. Und Sie bekommen das Darlehen auch nur dann, wenn Sie gegenüber Ihrer Hausbank entsprechende Sicherheiten nachweisen können.

Voraussetzungen

Sollten Sie Ihr Unternehmen in den neuen Ländern gründen (einschließlich Ostberlin), kann die DtA Ihnen auf Antrag der Hausbank hin eine 50-prozentige Haftungsfreistellung einräumen. Sie haften dann also nur für die Hälfte des eingeräumten Kredites. Wenn Sie diese Haftungsfreistellung nicht in Anspruch nehmen, bieten die regionalen Bürgschaften bundesweit bis zu 80 Prozent Ausfallbürgschaften an.

Der Antragsweg unterscheidet sich von den beiden vorgenannten Darlehensformen insofern, als Sie keine fachliche Stellungnahme einer Kammer, eines Verbandes, Wirtschaftsprüfers oder eines Steuerberaters vorlegen müssen:

Antragsweg

- Zunächst gehen Sie – natürlich ebenso gut vorbereitet wie sonst – zu einer Bank Ihrer Wahl und lassen sich das geführte Antragsgespräch von der Bank protokollieren. Erst wenn Sie dieses Gespräch geführt haben, dürfen Sie für Ihr Unternehmen tätig werden, also zum Beispiel Kaufverträge unterzeichnen. Sollten Sie schon vor dem Gespräch Verträge über geplante Investitionen abgeschlossen haben, ist eine Förderung dieser konkreten Projekte nicht mehr möglich;
- wenn die Bank Ihrer Wahl sich auf eine Finanzierung Ihres Vorhabens einlässt, leitet diese den Antrag auf Gewährung des ERP-Existenzgründungsdarlehens an die Deutsche Ausgleichsbank weiter. Sobald von der DtA die Finanzierungszusage kommt, schließt die Hausbank mit Ihnen einen Kreditvertrag ab.

Öffentliche Starthilfen: Förderprogramme

- Nach der Vertragsunterzeichnung können Sie das Geld abrufen und mit ihm innerhalb der folgenden drei Monate arbeiten.

Belege für die Bank erforderlich

Achtung: Sie müssen die Verwendung des Geldes gegenüber der Bank durch entsprechende Belege nachweisen.

> **DAS ERP-EXISTENZGRÜNDUNGSDARLEHEN AUF EINEN BLICK**
>
> Dieses Darlehen ist ideal für Sie als Existenzgründer, wenn Sie einen Gewerbebetrieb gründen oder als Freiberufler arbeiten wollen. Ausnahme: Heilberufe werden nicht gefördert.
> - Zinssätze liegen weit unter den marktüblichen Sätzen, festgeschrieben auf zehn Jahre
> - Laufzeiten: in den alten Ländern bis zu zehn Jahren, bei Bauvorhaben bis zu 15 Jahren, in den neuen Ländern bis zu 15 Jahren, bei Bauvorhaben bis zu 20 Jahren
> - Tilgungsfrei in den ersten drei Jahren
> - Höchstbeträge: 500 000 Euro in den alten Bundesländern, eine Million Euro in den neuen Bundesländern
> - Maximal 50 Prozent der Investitionskosten in den alten Ländern, maximal 75 Prozent der Investitionskosten in den neuen Bundesländern und Ostberlin; Auszahlung: 100 Prozent, Sicherheiten sind erforderlich

DtA-Existenzgründungsdarlehen
Sie haben die Möglichkeit, über die Förderprogramme ERP-Eigenkapitalhilfe und ERP-Existenzgründungsdarlehen in den alten Bundesländern bis zu zwei Drittel der geplanten Investitionen abzudecken. Oft reicht dies für Sie als Existenzgründer aber immer noch nicht aus. Das DtA-Existenzgründungsdarlehen bietet Ihnen hierfür (unabhängig davon, ob Sie in den alten oder neuen Bundesländern investieren) die ideale Ergänzung: Sie können die staatlichen Hilfen für den Aufbau Ihres Unternehmens bis zu 75 Prozent aufstocken. Schaffen Sie bei der Gründung des Unternehmens neue Arbeitsplätze, sind sogar bis zu 100 Prozent Ihres

Vorhabens finanzierbar. Auch der Arbeitsplatz, den Sie für sich selbst schaffen, wird hierbei berücksichtigt. Im Unterschied zum ERP-Existenzgründungsdarlehen können auch Angehörige von Heilberufen die Förderung durch das DtA-Existenzgründungsdarlehen in Anspruch nehmen. Der Zinssatz liegt, wie bei dem vorgenannten Beispiel für öffentliche Förderungen, ebenfalls deutlich unter Marktniveau und ist für zehn Jahre festgeschrieben. Die Laufzeiten des Darlehens betragen maximal 20 Jahre, davon sind bis zu drei Jahren tilgungsfrei.

Förderung von Heilberufen

Was wird gefördert? Das DtA-Existenzgründungsdarlehen können Sie erhalten, wenn Sie einen gewerblichen Betrieb gründen oder freiberuflich tätig werden wollen. Ebenfalls gefördert werden der Kauf eines Unternehmens oder eine tätige Beteiligung mit Geschäftsführungsbefugnis. Außerdem fallen unter die Förderung alle Investitionen, die Ihr Unternehmen innerhalb der ersten acht Jahre nach Gründung zur Festigung des Betriebes tätigen will, wie zum Beispiel:

- der Aufbau von Filialen;
- die Erweiterung oder Umstellung des Produkt- und Dienstleistungsangebots;
- Ihre Lageraufstockung;
- Maßnahmen zur Standortsicherung;
- Investitionen zur Schaffung von Arbeitsplätzen;
- innovative Maßnahmen;
- Standortverlagerungen;
- der Kauf von Betriebsmitteln;
- mögliche Qualifizierungs- oder Weiterbildungskosten;
- sowie Markterschließungskosten.

Investitionen innerhalb der ersten 8 Jahre

Um in den Genuss des DtA-Existenzgründungsdarlehens zu kommen, müssen Sie zusätzlich eigene oder sonstige Mittel mobilisieren, um eine 100-prozentige Kostendeckung zu erreichen. Außerdem müssen Sie entsprechende Sicherheiten vorlegen. Wenn Sie in den neuen Bundesländern investieren, kann die DtA der Hausbank auf Antrag eine 50-prozentige, bei Investitionsvorhaben in den alten Bundesländern eine 40-prozentige Haftungsfreistellung gewähren. Nur dann, wenn Sie eine Laufzeit von 15 Jahren wählen und damit

Öffentliche Starthilfen: Förderprogramme

gleichzeitig eine volle Rückzahlung des Darlehens am Ende dieser Laufzeit vereinbaren, wird keine Haftungsfreistellung gewährt. Alternativ zu der Haftungsfreistellung bieten die regionalen Bürgschaftsbanken eine 80-prozentige Ausfallbürgschaft an.

Antragstellung

Sie beantragen das Darlehen ebenso wie das ERP-Existenzgründungsdarlehen durch ein gründlich vorbereitetes Gespräch bei Ihrer Hausbank. Diese stellt dann den Antrag bei der DtA, nach Zusage schließen Sie mit Ihrer Hausbank den Darlehensvertrag ab. Nach der Unterzeichnung können Sie das Darlehen einsetzen, müssen Ihre Ausgaben aber – wie gehabt – belegen.

DAS DTA-EXISTENZGRÜNDUNGSDARLEHEN AUF EINEN BLICK

Das Darlehen eignet sich ideal als Ergänzung zusätzlich zu anderen öffentlichen Förderungen, wenn Sie ein Unternehmen gründen wollen:
- als Existenzgründer;
- für kleine und mittelständische Unternehmen;
- für Freiberufler und Angehörige von Heilberufen.

Die Zinssätze liegen unter dem Marktüblichen und sind auf 10 Jahre festgeschrieben.

- **Laufzeiten:**
  - bis zu zehn Jahren, davon zwei Jahre tilgungsfrei;
  - bis zu 20 Jahren, davon drei Jahre tilgungsfrei;
  - 15 Jahre bei Rückzahlung des Darlehens in einer Summe am Ende der Laufzeit.

- **Höchstbeträge:**
  - in der Regel zwei Millionen Euro;
  - bis zu 75 Prozent der Investitionssumme;
  - bei der Schaffung von Arbeitsplätzen bis zu 100 Prozent der Investitionssumme;
  - unabhängig von Investitionen pauschal 25 000 Euro je zusätzlichem Arbeitsplatz.

- **Auszahlung:** 96 Prozent, Sicherheiten sind erforderlich.

Die clevere Finanzierung

Sie können im Rahmen des DtA-Existenzgründungsdarlehens zusätzlich *Betriebsmittel* finanzieren. Während die herkömmlichen Förderprogramme in der Regel nur *Sachinvestitionen* finanzieren, können Sie mithilfe der Betriebsmittelvariante des DtA-Existenzgründungsprogramms auch immaterielle Investitionen und laufende Kosten finanzieren. Dies geht ohne zusätzliche Sachinvestitionen und unabhängig vom Einsatz weiterer öffentlicher Mittel. So wird unter anderem gefördert (innerhalb von acht Jahren nach der Gründung Ihres Unternehmens):

- die Vorfinanzierung von Aufträgen;
- die Aufstockung Ihres Warenlagers;
- die Entwicklung neuer Produkte;
- die Einräumung von Zahlungszielen;
- die Markterschließung.

Andere Programme finanzieren nur Sachmittel

Für das Betriebsmitteldarlehen werden in der Regel Sicherheiten erwartet. Auch hier ist eine Haftungsfreistellung wie oben auf Antrag der Hausbank möglich. Der Antragsweg ist identisch mit dem des DtA-Existenzgründungsdarlehens.

FINANZIERUNG VON BETRIEBSMITTELN AUF EINEN BLICK

Die Betriebsmittelfinanzierung ist die ideale Ergänzung zur Investitionsfinanzierung. Die Zinssätze liegen unter dem Marktüblichen.

- **Laufzeitvarianten:** – Bis zu sechs Jahren, davon ein Jahr tilgungsfrei;
  – bis zu fünf Jahren bei Rückzahlung des Darlehens am Ende der Laufzeit in einer Summe.
- **Höchstbetrag:** zwei Millionen Euro
- **Finanzierungsanteil:** bis zu 100 Prozent der Betriebsmittel
- **Auszahlung:** 100 Prozent, Sicherheiten sind erforderlich.

Öffentliche Starthilfen: Förderprogramme

Regionale Besonderheiten

Das DtA-Existenzgründungsdarlehen bietet außerdem noch regionale Besonderheiten an. So können Sie an den bisherigen Steinkohlestandorten in Nordrhein-Westfalen und im Saarland weitergehende Vergünstigungen erhalten, wenn Sie dort investieren. Zudem ersetzt in Nordrhein-Westfalen das Programm „NRW/-DtA Gründungs- und Wachstumsfinanzierung" das bisherige DtA-Existenzgründungsprogramm. Ziel dieser Gemeinschaftsaktion von Bund, Land und DtA ist es, durch eine gemeinsame Richtlinie eine vereinfachte Antragsstellung zu ermöglichen. Diese erfolgt jedoch weiterhin über Ihre Hausbank.

DtA-StartGeld

100-prozentige Abdeckung von kleinerem Bedarf

Wenn Sie bescheiden beginnen wollen und Risiken durch die Aufnahme eines größeren Kredites vermeiden möchten, hilft Ihnen das DtA-StartGeld. Es ist eine günstige Finanzierung, die Ihren Bedarf 100-prozentig abdeckt. Der Höchstbetrag dieser Förderung liegt aber bei nur 50 000 Euro. Auch wenn Sie als Existenzgründer nicht genügend Sicherheiten bieten können, kommen Sie dennoch in den Genuss dieser Starthilfe. Denn die DtA bietet Ihnen gemeinsam mit dem Europäischen Investitionsfonds (EIF) eine 80-prozentige Haftungsfreistellung an, d. h. Sie haften nur für 20 Prozent des Darlehens. Den Banken wird zur Gewährung dieses Kredites ein Anreiz geboten: Sie bekommen ein festes Bearbeitungsentgelt, das DtA-Startgeld lohnt sich also auch für die Kreditinstitute.

Das DtA-Startgeld erhalten Sie, wenn Sie einen gewerblichen Betrieb eröffnen oder sich als Freiberufler selbstständig machen möchten (hier sind die Heilberufe eingeschlossen). Eine Besonderheit: Auch wenn Sie die Existenzgründung zunächst als Nebenerwerb angehen, können Sie das DtA-StartGeld beanspruchen. Dabei kann die Gründung in Form einer neuen Existenzgründung oder durch den Erwerb eines Betriebes sowie durch die Übernahme einer tätigen Beteiligung erfolgen.

Förderbereich

Was wird gefördert? Sie können mit dem DtA-StartGeld sowohl Sachinvestitionen (Betriebs- und Geschäftsausstattung), Kosten für den Umbau von Gebäuden und Renovierungen als auch Warenlager und Betriebsmittel finanzieren. Wenn Sie dieses

Die clevere Finanzierung

Darlehen in Anspruch nehmen, dürfen Sie noch nicht selbstständig sein und mit ihrem Vorhaben begonnen haben. Außerdem ist eine Kombination mit anderen DtA-Förderungen nicht möglich.

Wie läuft der Antragsweg? Am Anfang steht die gute Vorbereitung und Information über die Gründung. Für diese Vorbereitung bietet Ihnen die DtA eine Finanzierungsberatung an (siehe Kapitel DtA Beratungsservice für Gründer). Sodann erfolgt das Gespräch mit Ihrer Hausbank oder einer Bank Ihrer Wahl. Willigt die Hausbank in eine Finanzierung ein, müssen Sie gemeinsam mit der Bank einen „Engagement-Fragebogen für das DtA-StartGeld" ausfüllen. Achtung: Hierbei müssen Sie Angaben zu Ihren Vermögens- und Einkommensverhältnissen machen. Dann läuft es wie gehabt. Die Hausbank stellt den Antrag bei der DtA, deren Einwilligung vorausgesetzt, schließen Sie mit Ihrer Hausbank einen Kreditvertrag ab. Nach der Unterzeichnung können Sie über das Geld verfügen.

Antragsweg

DAS DTA-STARTGELD AUF EINEN BLICK

Idealer Kredit für kleine Startinvestitionen und Betriebsmittel ohne großes Risiko.
- **Zinsen:** Unter dem marktüblichen Satz, festgeschrieben auf zehn Jahre;
- **Laufzeit:** Bis zu zehn Jahren, davon bis zu zwei Jahren tilgungsfrei;
- **Finanzierungsanteil:** Sie können mit dem DtA-StartGeld bis zu 100 Prozent der Investitions- und Betriebsmittelkosten finanzieren;
- **Auszahlung:** 96 Prozent;
- **Höchstbetrag:** 50 000 Euro;
- Sicherheiten sind erforderlich, aber die DtA bietet gemeinsam mit dem EIF Ihrer Hausbank eine 80-prozentige Risikoentlastung an.

Öffentliche Starthilfen: Förderprogramme

Stille Beteiligung der DtA

Beteiligungskapital für kleine Technologieunternehmen
Eine besondere Hilfe für kleine Technologieunternehmen bietet ein Tochterunternehmen der Deutschen Ausgleichsbank an. Die tbg Technologie-Beteiligungs Gesellschaft mbH geht stille Beteiligungen ein. Das heißt: Ohne dass die DtA über die tbg in die Geschäftspolitik hineinregiert, schießt sie dennoch Kapital in das Gründungsunternehmen ein. Voraussetzung ist allerdings, dass Sie als Antragsteller und Existenzgründer einen weiteren Kapitalgeber (Leadinvestor) wie etwa eine private Venture-Capital-Gesellschaft finden, die mindestens ebenso viel Geld in Ihr Unternehmen investiert wie die tbg. Um einen weiteren Geldgeber zu finden, lockt die tbg mit einem attraktiven Angebot: Unter bestimmten Voraussetzungen, abhängig vom Erfolg Ihres Unternehmens, kann der Leadinvestor 50 Prozent seiner Investition innerhalb von fünf Jahren zurückbekommen (neue Länder 70 Prozent). Die Höchstgrenze für die tbg-Beteiligung liegt bei 1,5 Millionen Euro. Die Laufzeit ist auf maximal zehn Jahre begrenzt. Die tbg erhält für ihre Investition jährliche Zinszahlungen von Ihnen sowie ein Beteiligungsentgelt, das sich nach der Höhe des Gewinns Ihres Unternehmens richtet. Sicherheiten müssen Sie keine erbringen. Die tbg ist unter der Adresse der Deutschen Ausgleichsbank zu erreichen (siehe Seite 146).

BETEILIGUNGSKAPITAL FÜR KLEINE TECHNOLOGIEUNTERNEHMEN AUF EINEN BLICK

Diese Förderung ist ideal für kleine Existenzgründer und technologieorientierte Unternehmen zur Finanzierung von Innovationsvorhaben.
- **Beteiligungsentgelt der tbg:** Festvergütung sowie erfolgsabhängige Vergütung;
- **Laufzeit:** orientiert sich an der Beteiligung des Leadinvestors, maximal zehn Jahre;
- **Höchstbetrag:** 1,5 Millionen Euro;
- **Auszahlung:** entsprechend dem Fortschritt des Innovationsvorhabens.

Die clevere Finanzierung

DtA-Technologiebeteiligungen
Die DtA-Technologiebeteiligungen sind als Ergänzung zu dem Beteiligungskapital für kleine Technologieunternehmen gedacht.

1. Die Frühphase. Hier beteiligt sich die DtA für die Erstellung eines Businessplans, für den Aufbau von Organisationsstrukturen sowie für erste Forschungs- und Entwicklungskosten mit bis zu 125 000 Euro. Damit soll Ihr Unternehmen für die Aufnahme von institutionellem Beteiligungskapital vorbereitet werden.

2. Die Innovationsphase. Eine bestehende Beteiligung aus dem Beteiligungskapital für kleine Technologieunternehmen kann auf bis zu 2,5 Millionen Euro aufgestockt werden, d. h. die DtA legt auf das Beteiligungskapital von maximal 1,5 Millionen Euro nochmals eine Million Euro drauf – vorausgesetzt, dass auch der Leadinvestor seine Beteiligung um diesen Betrag erhöht.

3. Exit. Viele Unternehmen unternehmen derzeit den Gang an die Börse, um für ihr schnell wachsendes Unternehmen eine breite Kapitalbasis zu schaffen. Die DtA fördert diesen Weg bei Technologieunternehmen und geht bis zum Börsengang stille oder auch offene Beteiligungen von bis zu fünf Millionen Euro ein. Voraussetzung hierfür ist allerdings, dass Sie schon durch das Beteiligungskapital für kleine Technologieunternehmen gefördert wurden.

Finanzierung von der Idee bis zum Börsengang

DIE DTA-TECHNOLOGIEBETEILIGUNGEN AUF EINEN BLICK

Ideal für Existenzgründer zur Finanzierung ihrer Vorhaben von der Frühphase bis zum Börsengang.
- **Ergänzung des Programms:** „Beteiligungskapital für kleine Technologieunternehmen"
- **Laufzeit:** maximal zehn Jahre
- **Höchstbetrag:** – in der Frühphase 125 000 Euro,
  – in der Innovationsphase eine Million Euro,
  – in der Exitphase fünf Millionen Euro.
- Je nach Phase sind sowohl stille als auch offene Beteiligungen möglich.
- Sicherheiten sind nicht erforderlich.

Öffentliche Starthilfen: Förderprogramme

Futour

Wenn Sie ein innovatives Unternehmen gründen wollen oder Ihr Unternehmen längstens seit drei Jahren besteht, können Sie das Futour-Programm in Anspruch nehmen. Im Rahmen dieses Programms stellt die tbg gemeinsam mit zwei Projektträgern des Bundesministeriums für Wirtschaft und Technologie bis zu 750 000 Euro für Forschungs- und Entwicklungsarbeiten bereit. Das Programm ist beschränkt auf Unternehmen, die weniger als zehn Mitarbeiter haben und in denen Gründer mindestens 51 Prozent der Unternehmensanteile halten.

Für kleine High-Tech-Unternehmen

Außerdem müssen die Träger des wissenschaftlichen Know-hows über mindestens 26 Prozent der Anteile verfügen. Die Unternehmen müssen rechtlich und wirtschaftlich eigenständig sein, d. h. das Futour-Programm gilt nicht für Tochtergesellschaften anderer Firmen. Die Gründer des Unternehmens und die Know-how-Träger sollten ihre Tätigkeit im geförderten Unternehmen als Hauptbeschäftigung betreiben und ihren ersten Wohnsitz in der Nähe des Unternehmens haben.

WICHTIG

Das Programm ist beschränkt auf die neuen Bundesländer. Im Rahmen dieses Programms wird nicht nur Geld geboten. Wenn Sie dieses Programm in Anspruch nehmen, helfen die tbg und die Projektträger des Bundesministeriums durch Beratung und Managementunterstützung von der Idee bis zur Markteinführung. Auch wenn Sie im Verlaufe der Unternehmensgründung Finanzierungsprobleme bekommen, wird Ihnen durch die tbg weitergeholfen.

Adressen von Ansprechpartnern

Ansprechpartner für die Antragstellung sind:
- VDI/VDE-Technologiezentrum Informationstechnik GmbH, Rheinstraße 10 B, 14513 Teltow, Telefon: 0 33 28 - 43 51 51 sowie
- Forschungszentrum Jülich GmbH, Projektträger BEO, Außenstelle Berlin, Wallstraße 17–22, 10179 Berlin, Telefon: 0 30 - 2 01 99 35.

Die clevere Finanzierung

FUTOUR AUF EINEN BLICK

Konzipiert für technologieorientierte Unternehmensgründungen und junge Technologieunternehmen bis zum Alter von drei Jahren mit Geschäftsbetrieb und wirtschaftlichem Schwerpunkt in den neuen Bundesländern.
- Zuschuss und Beteiligungskapital für die Unternehmenskonzipierung sowie Forschung und Entwicklung
- Bereitstellung von bis zu 775 Millionen Euro (einschließlich 25 000 Euro Zuschüsse während der Konzeptionsphase). Davon gelten bis zu 425 000 Euro als nicht zurückzuzahlende Zuschüsse und bis zu 350 000 Euro als stille Beteiligungen;
- Laufzeit der stillen Beteiligung: maximal zehn Jahre;
- Sicherheiten sind nicht erforderlich.

Darlehen zum Umweltschutz und zur Energieeinsparung
Wenn Sie Umweltschutz und saubere Herstellungsverfahren als unverzichtbaren Bestandteil Ihres Unternehmens betrachten, können Sie in den Genuss des Darlehens zum Umweltschutz und zur Energieeinsparung kommen. Die DtA vergibt Bürgschaften und Darlehen zur Erstellung intelligenter Umweltschutztechnologien und sauberer Herstellungsverfahren.

Ökologisch handeln zahlt sich aus

1. Das ERP-Umwelt- und Energiesparprogramm:
Im Rahmen dieses Programms werden Darlehen vergeben für
- Vorhaben, die sich mit dem Problem der Abfallwirtschaft befassen;
- Produktionsverfahren, die die Abwasserreinigung zum Ziel haben;
- Maßnahmen zur Vermeidung oder Reduzierung von Emissionen, Lärm, Geruch und Erschütterungen;
- Entwicklung und Einsatz von energiesparenden Verfahren sowie die Nutzung erneuerbarer Energiequellen.

Öffentliche Starthilfen: Förderprogramme

Im Rahmen dieser Vorhaben werden private gewerbliche Betriebe mit einem Jahresumsatz bis zu 250 Millionen Euro gefördert, ebenso Freiberufler außer Heilberufen. Der Umsatz darf überschritten werden, wenn das Projekt umweltpolitisch als besonders förderungswürdig gilt.

Der Finanzierungsanteil kann bis zu 50 Prozent der geplanten Investitionen, maximal aber 500 000 Euro in den alten Bundesländern bzw. eine Million Euro in den neuen Bundesländern betragen. Die Laufzeit beträgt bis zu 15 Jahren in den alten, bis zu 20 Jahren in den neuen Bundesländern.

2. DtA-Umwelt-, Umweltschutz-Bürgschaftsprogramm und BMU-Programm zur Förderung von Demonstrationsvorhaben

Bürgschaften für Umwelttechnik

Wenn Sie in Ihrem Betrieb Maßnahmen im Bereich Umweltschutz, Energieeinsparung und Nutzung erneuerbarer Energiequellen ergreifen wollen, können Sie sich diese bis zu einem Anteil von 75 Prozent durch die DtA fördern lassen. Bei kleinen und mittleren Unternehmen kann der Finanzierungsanteil bis zu 100 Prozent betragen. Die DtA übernimmt außerdem Bürgschaften für die Herstellung innovativer, umweltfreundlicher Produkte und Produktionsanlagen, wenn Finanzierungslücken da sind, Sie aber keine Sicherheiten vorlegen können. In besonderen Fällen erhalten Sie eine kostenlose Haftungsfreistellung von bis zu 50 Prozent eines DtA-Darlehens für kleine und mittlere Unternehmen. Demonstrationsvorhaben in großtechnischem Maßstab, die Umweltbelastungen durch fortschrittliche Technik vermeiden oder verringern, werden durch einen Zinszuschuss des Bundesministeriums für Umwelt, Naturschutz und Reaktorsicherheit (BMU) besonders unterstützt. Und Sie können DtA-Darlehen zur Nutzung erneuerbarer Energiequellen bis zu 100 Prozent der förderfähigen Kosten finanziert bekommen.

> **DARLEHEN ZUM UMWELTSCHUTZ UND ZUR ENERGIEEINSPARUNG AUF EINEN BLICK**
>
> Ideal für Investitionen im Bereich Umweltschutz, Energieeinsparung und Nutzung erneuerbarer Energien.
> - Die Konditionen sind ähnlich wie bei den ERP- und DtA-Existenzgründerprogrammen und zeichnen sich durch günstige Zinssätze aus. Normalerweise werden die gleichen Beträge wie dort ausbezahlt, aber auch höhere Auszahlungsbeträge sind im Rahmen dieses Programms möglich;
> - Sicherheiten sind erforderlich.

DtA-Bürgschaften neue Bundesländer

Wenn Sie einen Kredit beantragen, läuft ohne Sicherheiten in der Regel nichts. Oft können Existenzgründer aber keine ausreichenden Sicherheiten vorlegen, denn gerade bei ihnen sind die Mittel aufgrund des hohen Investitionsbedarfs und der Erweiterungsinvestitionen schnell aufgezehrt. Abhilfe schafft das DtA-Bürgschaftsprogramm:

Wenn Sie in den neuen Bundesländern gewerbliche Unternehmen gründen wollen, übernimmt die DtA im Rahmen dieses Programms maximal 80 Prozent des Risikos durch Ausfallbürgschaften, den restlichen Anteil trägt Ihre Hausbank.

Sie kommen allerdings nur in den Genuss dieser Bürgschaften, wenn Sie einen mittelständischen Betrieb in den neuen Ländern gründen wollen, der sich ganz oder zumindest mehrheitlich in privater Hand befindet. Und Sie müssen als Person kreditwürdig sein. Dann werden sowohl langfristige Investitionskredite verbürgt, mit deren Hilfe Sie Betriebsstätten errichten, erweitern oder modernisieren wollen. Außerdem wird für Darlehen gebürgt, die als lang- oder mittelfristige Betriebsmittelkredite laufen sollen, wenn diese für Investitionsmaßnahmen eingesetzt werden sollen.

Wenn Sie keine Sicherheiten vorweisen können

Öffentliche Starthilfen: Förderprogramme

Voraussetzungen

Als Voraussetzung gelten folgende Bestimmungen:
- Alle Gesellschafter, die einen wesentlichen Einfluss auf den Kreditnehmer haben, müssen für den Kredit grundsätzlich mithaften. Dies gilt auch für haftungsbeschränkende Rechtsformen des Unternehmens (z. B. eine GmbH);
- Die Laufzeit des Kredits soll die Nutzungsdauer der Investition nicht überschreiten. Die Bürgschaftszeit beträgt maximal 15 Jahre, bei Betriebsmittelkrediten maximal bis zu acht Jahren.

Antragsweg

Wie läuft der Antragsweg? Zunächst müssen Sie sich bei Ihrer Hausbank um ein Förderdarlehen oder um einen normalen Kredit bewerben. Wenn die Hausbank zwar grundsätzlich bereit ist, Ihnen dieses Darlehen zu gewähren, Ihre Sicherheiten aber nicht ausreichen, kann die Bank sich an die DtA wenden und eine Bürgschaft beantragen. Kommt dann von der DtA eine Bürgschaftszusage, schließen Sie mit Ihrer Hausbank einen Kreditvertrag ab.

DTA-BÜRGSCHAFTSPROGRAMM AUF EINEN BLICK

Ideal für Unternehmen und Existenzgründer in den neuen Ländern, die über keine ausreichenden Sicherheiten verfügen.
- Verbürgt werden Investitions- und Betriebsmittelkredite;
- **Laufzeitvarianten:** In der Regel 15 Jahre, bei Betriebsmittelkrediten bis zu acht Jahre;
- **Höchstbetrag:** 10 Millionen Euro;
- **Mindestbetrag:** 750 000 Euro;
- Der Kreditnehmer muss so weit wie möglich Sicherheiten stellen.

DtA-Beratungsservice für Gründer und Unternehmen

Wenn Sie sich selbstständig machen wollen, sind Sie auf Hilfe angewiesen. Alle Bundesländer bieten Ihnen Beratungsstellen, an die Sie sich wenden können. Aber auch die DtA hilft Ihnen mit einem umfassenden Beratungsservice weiter. Der Vorteil: Als unmittelbare

Finanzierungsinstanz kann die DtA oftmals sehr viel detailliertere Hilfestellungen geben als andere Einrichtungen. Insbesondere in Fragen des Managements in Krisensituationen können Sie auf die Hilfe der DtA zurückgreifen.

Die DtA hat ein vierstufiges Betreuungsmodell entwickelt, das Ihnen zum einen mit konkreten Informationen und persönlichen Beratungsgesprächen über den Gründungsplan helfen kann. Zum anderen erhalten Sie als Jungunternehmer in Krisensituationen gezielte Hilfe, um ein mögliches Scheitern Ihres Vorhabens zu verhindern.

Hilfe durch die DtA

Stufe 1
Für Sie als potenziellen Gründer hat die DtA eine telefonische Info-Line zur ersten Orientierung eingerichtet. Unter den Telefonnummern 02 28-8 31 24 00 und 0 30-85 08 50 41 10 werden alle Fragen zu den verschiedenen Förderdarlehen und Serviceleistungen der DtA beim Firmenstart beantwortet. Dies kann auch schriftlich erfolgen, wenn dies für Ihr späteres Gespräch bei Ihrer Hausbank erforderlich ist. Darüber hinaus können Sie sich auch im Internet unter www.dta.de oder direkt im T-online-Dienst unter *dta# informieren.

Stufe 2
Die DtA sucht den persönlichen Kontakt zu den Antragstellern, um einen gezielten Service anbieten zu können. An mittlerweile 36 Standorten im gesamten Bundesgebiet bieten DtA-Finanzierungsexperten feste Sprechstunden vor Ort an, in Zusammenarbeit mit Kreditinstituten, Kammern, Landesförderbanken und Wirtschaftsförderungsgesellschaften. Die konkreten Adressen finden Sie unter der o. g. Internet-Adresse. Beratungsschwerpunkte sind:
- alle Fragen der Existenzgründung und -sicherung;
- Wege der Finanzierung;
- Wege des Liquiditätsmanagements;
- Konzept und Wettbewerbssituation Ihres Unternehmens;
- Umsatz- und Ertragsprognosen.

Öffentliche Starthilfen: Förderprogramme

Stufe 3
Wenn Sie mit Ihrem Unternehmen in finanzielle Schwierigkeiten geraten sind, hilft Ihnen die DtA durch gezielte Beratung weiter (sogenannte „Runde Tische"). Dazu hat sie in den örtlichen Kammern an 23 Standorten in den neuen Ländern und an neun Standorten in den alten Ländern spezielle Anlaufstellen eingerichtet. Kostenlos wird Ihnen eine Stärken- und Schwächenanalyse Ihres Unternehmens erstellt, sie soll als Basis für Lösungsmöglichkeiten dienen. Ziel ist aber nicht eine Subventionierung Ihres Unternehmens in jedem Fall, sondern eine marktgerechte Hilfe für Firmen mit stimmigen Produkten und guten Konzepten. Die Standorte erfragen Sie unter der Telefonnummer 02 28 - 8 31 24 00.

Stufe 4
Die DtA-Beratungsagentur vermittelt Ihnen bei Bedarf kostenlos seriöse und kompetente Partner, vom Branchenexperten bis hin zum Geschäftsführer auf Zeit. Das Ziel dieser Maßnahme ist einerseits die Vorbereitung auf den Wettbewerb am Markt, andererseits die Vorbeugung gegen Unternehmenskrisen. Das Angebot richtet sich an kleine und mittlere Betriebe im gesamten Bundesgebiet, die ihre Probleme mithilfe eines kompetenten Beraters lösen möchten. Kontakt: 0 30 - 8 50 85 41 11.

Die Agenturen der DtA
Über dieses Beratungsangebot hinaus hat die DtA zwei Agenturen gegründet, die auf besondere Situationen eingehen.

Hilfe bei der Suche nach Kapitalgebern

Die *Unternehmensbeteiligungsagentur* der DtA unterstützt mittelständische Betriebe im gesamten Bundesgebiet bei der Suche nach kompetenten Finanzpartnern. Darüber hinaus berät die Agentur zu allen DtA-Förderpaketen, die zusätzlich zur Beteiligungsfinanzierung als geeignete Möglichkeiten der Unternehmensfinanzierung in Frage kommen.

Die *DtA-Unternehmensnachfolgeagentur* unterstützt kleine und mittlere Unternehmen beim anstehenden Generationswechsel in der Unternehmensführung. Hauptbestandteil der Initiative ist die Unternehmerbörse im Internet (www.change-online.de). Hier können Unternehmer einen geeigneten Nachfolger für ihre Firma

Die clevere Finanzierung

suchen, Existenzgründer haben die Möglichkeit, ein für Sie infrage kommendes Unternehmen zu finden.

> **DTA-BERATUNGSSERVICE FÜR GRÜNDER UND UNTERNEHMEN AUF EINEN BLICK**
>
> Vier-Stufen-Programm als Starthilfe für Existenzgründer und als Unterstützung für junge Unternehmer.
> - DtA-Info-Line bietet erste Orientierungshilfen;
> - DtA-Sprechtage bieten feste Termine vor Ort;
> - DtA-„Runder Tisch" bietet Hilfestellungen für Firmen in finanziellen Krisensituationen;
> - DtA-Agenturen: – DtA-Beratungsagentur
>   – DtA-Unternehmens-Beteiligungs-Agentur
>   – DtA-Unternehmens-Nachfolge-Agentur

Kombination von Förderprodukten der DtA

Die dargestellten Förderprogramme lassen sich zu Finanzierungsbausteinen zusammenfügen. Wie diese Bausteine im Einzelnen aussehen können, hängt vom Wohnsitz und vom Firmenstandort des Antragsstellers ab. In den neuen Bundesländern gelten in der Regel großzügere Förderbedingungen als in den alten Ländern. Es gibt jedoch ein Grundmodell, das auf alle Bundesländer anzuwenden ist:

Was für alle Bundesländer gilt

- Jede junge Firma kann Eigenkapitalhilfe in Anspruch nehmen, die jedoch nicht mehr als 25 Prozent Ihrer Investitionen beträgt. Wenn Sie Eigenkapitalhilfe beantragen, sollten Sie 15 Prozent der benötigten Gesamtsumme als Eigenmittel besitzen. Damit sind zusammen 40 % der Investitionen abgedeckt;
- jetzt können Sie ein ERP-Darlehen bis zur Höhe von 42 Prozent der Gesamtsumme beantragen;
- weitere acht Prozent lassen sich in den alten Ländern über das DtA-Existenzgründerprogramm finanzieren;
- im Grundmodell bleiben jetzt noch zehn Prozent übrig, diese werden in der Regel von Ihrer Hausbank abgedeckt.

Öffentliche Starthilfen: Förderprogramme

Sie finden hier sechs Fallbeispiele für Investitions- und Finanzierungspläne, die von der Deutschen Ausgleichsbank erstellt worden sind.

BEISPIEL 1

Gewerbliche Existenzgründung in den alten Ländern
Sie wollen eine Bau- und Möbeltischlerei gründen. Dabei sind zu finanzieren:
- ein Hallenneubau für die Fertigung von Fenstern, Türen und Rollläden aus Holz und Kunststoff;
- die entsprechenden Maschinen und Geräte für die Produktion;
- ein Fahrzeug für die beiden Mitarbeiter;
- die Materialausstattung;
- der Betriebsmittelbedarf für die laufenden Kosten in den ersten Monaten.

Voraussetzung: Die Handelskammer hat eine uneingeschränkt positive Stellungnahme abgegeben, die Rentabilitätsvorschau lässt eine langfristig tragfähige Vollexistenz erwarten.

Der Investitionsplan

Bau- und Baunebenkosten:	125 000 Euro
Maschinen und Geräte:	45 000 Euro
Fahrzeug:	15 000 Euro
Material:	15 000 Euro
Summe:	200 000 Euro
Betriebsmittel:	50 000 Euro

Der Finanzierungsmix

Eigene Mittel:	30 000 Euro
Eigenkapitalhilfe:	50 000 Euro
ERP-Existenzgründungsdarlehen:	85 000 Euro
DtA-Existenzgründungsdarlehen:	35 000 Euro
Summe:	200 000 Euro
DtA-Betriebsmitteldarlehen:	50 000 Euro

Die clevere Finanzierung

Erläuterung
Es sind alle Anforderungen und Fördergrenzen beachtet:
- 15 Prozent Eigenmittel sind vorhanden, zusammen mit der ERP-Eigenkapitalhilfe machen sie 40 Prozent der Investitionen aus;
- das ERP-Existenzgründungsdarlehen überschreitet nicht die Grenze von 50 Prozent der Investitionen, alle öffentlichen Fördermittel zusammen bleiben unter 67 Prozent, der Höchstgrenze in den alten Ländern;
- das DtA-Darlehen kann wegen der Schaffung von Arbeitsplätzen die 75-Prozent-Grenze überschreiten;
- das ERP-Darlehen kann über 15 Jahre laufen, weil die Baukosten einen Großteil der Investitionen ausmachen;
- der Betriebsmittelbedarf kann über ein günstiges DtA-Betriebsmitteldarlehen finanziert werden.

Gewerbliche Existenz in den neuen Ländern   **BEISPIEL 2**
In einer Region Sachsens soll ein Büromöbel- und Bürobedarfshandel errichtet werden. Es bestehen bereits gute Verbindungen zu namhaften Herstellern, die zuständige Industrie- und Handelskammer befürwortet das Unternehmen wegen der Qualifikation des Gründers und der Marktgängigkeit des Sortiments.

Der Investitionsplan

Umbaukosten:	60 000 Euro
Einrichtung/EDV-Anlage:	70 000 Euro
Fahrzeug:	40 000 Euro
Warenausstattung:	150 000 Euro
Markterschließungskosten:	30 000 Euro
Summe:	350 000 Euro
Weiterer Betriebsmittelbedarf:	100 000 Euro

Öffentliche Starthilfen: Förderprogramme

Der Finanzierungsmix

Eigene Mittel:	35 000 Euro
Eigenkapitalhilfe:	105 000 Euro
ERP-Existenzgründungsprogramm:	192 000 Euro
Hausbankdarlehen:	18 000 Euro
Summe:	350 000 Euro
DtA-Betriebsmitteldarlehen:	100 000 Euro

Erläuterung:
In den neuen Bundesländern sind die Förderbedingungen großzügiger als in den alten Ländern:
- es gibt ERP-Eigenkapitalhilfe auch dann, wenn die 15 Prozent Fördermittel nicht ganz erreicht werden;
- der Anteil an öffentlichen Mitteln an der Gesamtfinanzierung kann 85 Prozent betragen; der Finanzierungsanteil des ERP-Existenzgründungsdarlehens überschreitet nicht die Marke von 75 Prozent der Investitionen;
- Markterschließungskosten lassen sich mitfinanzieren;
- der Existenzgründer kann – zusätzlich zum Förderprogramm für Sachinvestitionen – ein DtA-Darlehen für die benötigten Betriebsmittel beantragen;
- wenn nicht genügend Sicherheiten vorhanden sind, kann die Hausbank für das ERP-Existenzgründungsdarlehen und die DtA-Darlehen eine Haftungsfreistellung von 50 Prozent beantragen.

BEISPIEL 3

Existenzsicherung in den neuen Ländern
Ein Ende 1995 in der Nähe von Berlin gegründeter Kfz-Meisterbetrieb benötigt einen größeren Ausstellungsraum für den Fahrzeughandel sowie einen Spezialraum für Lackierarbeiten, um weiterhin konkurrenzfähig zu bleiben. Die Kammer räumt dem Vorhaben gute Erfolgsaussichten ein, zumal künftig mit den neuen Lackierungsarbeiten eine Angebotslücke geschlossen wird.

Der Investitionsplan

Bau- und Baunebenkosten:	25 000 Euro
Geräte/Werkzeug:	150 000 Euro
Einrichtungen:	25 000 Euro
Summe:	200 000 Euro
Eigene Mittel:	25 000 Euro
Eigenkapitalhilfe:	150 000 Euro
Hausbankdarlehen:	25 000 Euro
Summe:	200 000 Euro

Erläuterungen
Alle Anforderungen und Fördermittel sind beachtet:
- die vorhandenen Eigenmittel werden für die Investition verwendet. Obwohl die 15 Prozent Eigenmittelanteil nicht erreicht sind, lässt sich das Vorhaben aufgrund der guten Erfolgsaussichten mit ERP-Eigenkapitalhilfe finanzieren. Diese beträgt maximal 75 Prozent der förderfähigen Kosten. Andere öffentliche Mittel mit Haftkapitalcharakter werden auf diese Grenze angerechnet;
- zusammen mit der Gründungsförderung ist der Höchstbetrag der ERP-Eigenkapitalhilfe von insgesamt 500 000 Euro noch nicht ausgeschöpft;
- in der Bilanz des Vorjahres beträgt der Anteil des haftenden Kapitals gerade acht Prozent. Die Eigenkapitalhilfe wird in der Höhe von mehr als 40 Prozent bereitgestellt, weil so das haftende Kapital erst zu einer angemessenen Basis aufgestockt werden kann. Das haftende Kapital nach Durchführung der Sicherungsinvestition übersteigt die Obergrenze von 40 Prozent des Betriebsvermögens nicht;
- der Anteil an öffentlichen Mitteln überschreitet die 85-Prozent-Grenze nicht.

Finanzierungsmix für Freiberufler

BEISPIEL 4

In Chemnitz macht sich ein Facharzt für Hals-Nasen-Ohren in langfristig gemieteten Räumen eines Ärztehauses selbstständig. Die Kassenärztliche Vereinigung befürwortet die Gründung aufgrund der ärztlichen Qualifikation und des Standortes.

Der Investitionsplan

Umbaukosten:	20 000 Euro
Einrichtung:	40 000 Euro
Medizinische Geräte:	100 000 Euro
Summe:	160 000 Euro

Der Finanzierungsmix

Eigene Mittel:	24 000 Euro
Eigenkapitalhilfe:	40 000 Euro
DtA-Existenzgründungsdarlehen:	96 000 Euro
Summe:	160 000 Euro

Erläuterungen

- Ein ERP-Existenzgründungsdarlehen kommt für Heilberufe nicht in Betracht;
- die 40-Prozent-Hilfe für die Eigenkapitalhilfe und die Eigenmittel ist eingehalten. Die 75-Prozent-Grenze für öffentliche Mittel einschließlich DtA-Existenzgründungsdarlehen kann aufgrund der geschaffenen Arbeitsplätze überschritten werden;
- weil Ärzte nicht vorsteuerabzugsberechtigt sind, lässt sich bei ihnen die Mehrwertsteuer ebenfalls mitfinanzieren – im Gegensatz zu allen anderen Vorhaben.

BEISPIEL 5

Weiche Investionen in den neuen Ländern

Die Gesellschafter eines in den letzten beiden Jahren stark gewachsenen Heimwerkermarktes mit mehreren Filialen im Zentrum Thüringens hatten bislang nur wenig Zeit für den Aufbau wesentlicher Unternehmensbereiche. Jetzt wollen Sie mithilfe externer Berater ein modernes Controlling einführen. Dazu beauftragen sie für sechs Monate eine entsprechende Beraterfirma.
Die Industrie- und Handelskammer befürwortet diesen wichtigen Schritt für die Sicherung des Unternehmens und für weiteres Wachstum.

Der Investitionsplan
Beratereinsatz: 150 000 Euro

Der Finanzierungsmix
- Eigenkapitalergänzungsdarlehen 90 000 Euro
- Hausbankdarlehen 60 000 Euro
- Summe 150 000 Euro

Erläuterungen
- Da die bisherigen Erträge in die Werbeaktionen flossen, ist der Anteil des haftenden Kapitals in der Bilanz mit zwölf Prozent sehr gering. Das Eigenkapitalergänzungsdarlehen EKE kann in der maximalen Höhe von 60 Prozent der Kosten gewährt werden; denn selbst damit bleibt das haftende Kapital noch relativ niedrig. Und auch nach der Investition übersteigt es nicht die Obergrenze von 40 Prozent des Betriebsvermögens;
- die Hausbank übernimmt die restlichen 40 Prozent der Finanzierung. Sie war mit einer nachrangigen Absicherung des Hausbankdarlehens einverstanden, da die Ertragssituation und die Zukunftsaussichten als sehr gut eingeschätzt werden;
- alle Gesellschafter haben für das Darlehen die anteilige Haftung übernommen, da mit dem EKE das Unternehmen gefördert wird, und nicht der einzelne Gesellschafter;
- der Vorjahresumsatz des Unternehmens liegt weit unter 125 Millionen Euro.

Kleinstgründung in den alten oder neuen Bundesländern — BEISPIEL 6
Für die Einrichtung eines Übersetzungsbüros werden ein leistungsfähiger PC mit Internetzugang, geeignete Software, ein Faxgerät, diverse Literatur sowie Arbeitsmaterialien benötigt.

Der Investitionsplan
Investitionen: 19 000 Euro
Betriebsmittelbedarf: 10 000 Euro
Summe: 29 000 Euro

Öffentliche Starthilfen: Förderprogramme

Die Finanzierung

DtA-Startgeld: 29 000 Euro

Erläuterungen

Der Finanzierungsbedarf liegt unter 50 000 Euro und kann daher komplett über das DtA-Startgeld abgedeckt werden.

Adressen

Adressen der DtA

- Deutsche Ausgleichsbank DtA, Ludwig-Erhard-Platz 1–3, 53170 Bonn, Telefon 02 28 - 83 10, Info-Line: 02 28 - 8 31 24 00, Bestell-Service: 02 28 - 8 31 22 61, Fax: 02 28 - 8 31 22 55, Faxabruf für Konditionen: 02 28 - 8 31 33 00
- Niederlassung Berlin, Sarrazinstr. 11–15, 12159 Berlin-Friedenau, Telefon: 0 30 - 8 50 85 - 0, Info-Line: 0 30 - 8 50 85 41 10, Fax: 0 30 - 8 50 85 - 42 99
- T-Online: *dta#, Internet: www.dta.de, E-Mail: dtabonn@t-online.de

Die clevere Finanzierung

Existenz gegründet – und dann?

Sie sind durch. Ihr Businessplan ist akzeptiert, das Startkapital vorhanden, Sie können also loslegen. Aber wie? Wenn Sie jetzt kalte Füße bekommen, gibt es einige Hilfestellungen, die Ihnen den Einstieg erleichtern. Gründerjobs an den Hochschulen sind zum Beispiel Einstiegsmöglichkeiten, die sich immer mehr ausbreiten. Informationen darüber, wo Sie solche Gründerjobs in Anspruch nehmen können, finden Sie weiter unten im Kapitel „Existenzgründungsinitiativen" in den einzelnen Bundesländern (siehe Seite 154). Aber auch Aspekte des Rechnungswesens, Ihre Steuern und Abgabenlasten sowie die Versicherungen, die Sie abschließen sollten, kommen jetzt auf Sie zu. Das folgende Kapitel gibt Ihnen einige Hinweise darauf, wie Sie sich Ihren Einstieg organisieren können.

Gründerjobs

„Gründerjobs" werden an Personen mit aussichtsreichen Existenzgründungsideen vergeben werden. Diese Gründerjobs sollen den Lebensunterhalt während der Konzeptionsphase einer Unternehmensgründung sichern und sind auf einen Zeitrahmen von bis zu sechs Monaten begrenzt. Eine Verlängerung um weitere drei Monate ist jedoch in begründeten Fällen möglich.

Die Gründer setzen im Rahmen einer Halbtagsstelle an einer Hochschule oder Forschungseinrichtung beispielsweise ihre Forschungs- und Entwicklungsvorhaben, die Grundlagen ihrer Unternehmen sind, praktisch und wissenschaftlich fort. Dabei nutzen sie das Know-how, die Infrastruktur sowie die Kontakte ihres „Arbeitgebers". Diese Fördermaßnahme unterstützt grundsätzlich Ideen aus dem innovativen Produktions- oder Dienstleistungsbereich. Gefördert werden Einzelgründer sowie Gründerteams. Antrags-

Halbtagsstellen an der Uni

berechtigt sind Hochschulabsolventen sowie Mitarbeiter aus Hochschulen und Forschungseinrichtungen, die sich selbstständig machen wollen.

Die Antragsteller müssen ihre Geschäftsidee mit Markteinschätzung, Meilensteinplan sowie Angaben über Stand der Vorarbeiten und ggf. Patentrecherche darstellen. Die Gründer erstellen während der geförderten Zeit einen Businessplan, in dem erste Ideen zu einem realisierbarem Konzept ausgearbeitet werden.

UNSER TIPP Um die Netzwerke auszubauen und den Erfahrungsaustausch zwischen Existenzgründern und Jungunternehmern zu fördern, sollten Sie während Ihrer Zeit auf einem Gründerjob unbedingt im Kontakt mit den Beratungs- und Fördereinrichtungen bleiben. Damit organisieren Sie sich ein möglicherweise notwendiges Korrektiv und Sie geben andern Existenzgründern, die den gleichen Weg wie Sie einschlagen wollen, notwendige Starthilfen.

UNSER TIPP Anträge für einen Gründerjob können in der Regel über die Internetseiten der verschiedenen Hochschulen und Universitäten angefordert werden.

Gründerrat entscheidet

Die Fördermittel werden nach Empfehlung des Gründerrates, der in der Regel mit Vertretern aus Wissenschaft und Wirtschaft besetzt ist, vergeben. Die Auswahl der förderungswürdigen Projekte erfolgt auf Grundlage der eingereichten Unterlagen und kurzer Präsentation der Idee vor dem Gründerrat. Auch Gründungsvorhaben, die nicht dem „Schema" entsprechen, erhalten eine Chance auf Bewertung des Antrags.

Eine ordentliche Buchführung ist unerlässlich

Wer eine Existenz gründet, sollte schon im eigenen Interesse Wert auf eine geordnete Buchführung legen. Entsprechende Pflichten ergeben sich vor allem nach dem Handelsgesetzbuch, dem GmbH-Gesetz, der Abgabenordnung, dem Einkommensteuer- und Umsatzsteuergesetz. Wenn Sie also einen Betrieb gründen, der als in kaufmännischer Weise eingerichteter Geschäftsbetrieb gilt, sind Sie zur kaufmännischen Buchführung sowie zur Aufstellung von Inventaren und Bilanzen verpflichtet. Sie müssen sich auch im Handelsregister eintragen lassen. Außerdem sind Sie zur kaufmännischen Buchführung mit Aufstellung von Inventaren und Bilanzen verpflichtet, wenn das Finanzamt festgestellt hat, dass Sie einen Umsatz von mehr als 500 000 Mark im Jahr oder einen Gewinn von mehr als 48 000 Mark erwirtschaftet haben. Das Gleiche gilt, wenn Sie über ein Betriebsvermögen von mehr als 125 000 Mark verfügen.

UNSER TIPP Schon bevor Sie sich selbstständig machen, fallen Kosten an, die mit Ihrem künftigen Unternehmen zusammenhängen. Sammeln Sie diese Belege, sie sind steuerlich anzurechnen.

Buchführung bedeutet grob gesagt, dass sämtliche baren und unbaren Geschäftsvorfälle zeitnah und in der Zeitfolge nach in so genannten Grundbüchern zu erfassen sind. Kasseneinnahmen müssen Sie täglich, zum Beispiel in Form eines Kassenbuches, aufzeichnen, wobei der Kassenstand laufend mit den Aufzeichnungen übereinstimmen muss. Darüber hinaus ist in der Regel ein Kontokorrentbuch für die Darstellung der unbaren Geschäftsvorfälle erforderlich. Das bedeutet, dass Sie den Stand Ihrer Forderungen und Ihrer Schulden gegenüber den einzelnen Kunden, Lieferanten usw. darlegen.

Welche Bücher müssen Sie führen?

UNSER TIPP Befolgen Sie die gesetzlichen Vorschriften exakt und von Beginn Ihres Unternehmens an. Das erspart Ihnen nicht nur Ärger mit dem Finanzamt. Sie behalten auf diese Weise immer eine genaue Übersicht über Ihre finanzielle Situation und können entsprechend reagieren.

Ein bestimmtes Buchführungsverfahren ist für das Kontokorrentbuch nicht vorgeschrieben. Es empfiehlt sich aber eine doppelte Buchführung, bei der jeder Geschäftsvorgang von Ihnen auf ein Konto und ein Gegenkonto gebucht wird. Verwenden Sie für den

Eine ordentliche Buchführung ist unerlässlich

Die Einnahmen-Überschuss-Rechnung

Anfang ein sogenanntes amerikanisches Journal, wie es im Fachhandel mit unterschiedlicher Spaltenzahl erhältlich ist.

Wenn Sie ein Unternehmen gründen, das zunächst nicht buchführungspflichtig ist, genügt in der Regel eine Einnahmen-Überschuss-Rechnung. Dabei werden lediglich Ihre Betriebseinnahmen den Betriebsausgaben zuzüglich Abschreibungen gegenübergestellt. Die Betriebseinnahmen müssen Sie dem Wirtschaftsjahr zurechnen, in dem sie Ihnen zugeflossen sind. D. h. wenn Sie am Ende eines Jahres eine Rechnung schreiben, diese aber erst im kommenden Jahr beglichen wird, müssen Sie den Zeitpunkt verwenden, an dem das Geld auf Ihrem Konto gutgeschrieben ist. Betriebsausgaben müssen Sie grundsätzlich in dem Jahr anrechnen, in dem Sie diese Ausgaben auch tatsächlich geleistet haben. Die Differenz zwischen den Einnahmen und Ausgaben wird als Gewinn oder Verlust der Einkommensbesteuerung und der Ermittlung der Gewerbesteuer zugrunde gelegt. Eine Bilanzierung müssen Sie nicht vornehmen.

Aufbewahrungspflicht für die Unterlagen

Nach dem Steuerrecht müssen Sie als gewerblicher Unternehmer den gesamten Wareneingang gesondert aufführen. Auch wenn Sie regelmäßig Waren an andere gewerbliche Unternehmer liefern, müssen Sie den Warenausgang gesondert aufzeichnen. Dies muss aber nicht unbedingt in gesonderten Büchern geschehen. Es reicht, wenn Sie diese Aufzeichnungen in Ihre Buchführung eingliedern. Alle Ihre Bücher, Inventarlisten, die Eröffnungsbilanz, Jahresabschlüsse, steuerlich vorgeschriebene andere Aufzeichnungen müssen Sie zehn Jahre lang aufbewahren. Geschäftsbriefe, Buchungsbelege o. Ä. müssen Sie sechs Jahre lang zugänglich halten.

UNSER TIPP Auch wenn Sie als Kleingewerbetreibender nicht zur Aufbewahrung dieser Unterlagen verpflichtet sind, sollten Sie dies dennoch tun, um steuerliche Nachteile zu vermeiden. Im Übrigen sind im Handel zahlreiche Standard-Software-Programme erhältlich, die Sie in Ihrer Buchführung unterstützen. Am sinnvollsten ist es aber, wenn Sie direkt einen Steuerberater mit Ihrer Buchführung beauftragen, wenn Sie über noch keine eigene Buchführungsabteilung verfügen.

Existenz gegründet – und dann?

Unternehmerlasten: Steuern und Beiträge

Gewinnabhängige und vermögensabhängige Steuern

Steuern sind ein wichtiger Teil bei der Unternehmensgründung. Sie sollten schon vor der Unternehmensgründung ausführlich mit Ihrem Steuerberater sprechen. Spezifische Steuerberatungen bieten auch die zuständigen Kammern an. Trotz allem müssen Sie als zukünftiger Unternehmer die Steuersituation kennen. Steuerbelastungen sind planbar:

- aus der Buchführung und Ergebnisrechnung ergeben sich der Gewinn für die Berechnung der gewinnabhängigen Steuern (Einkommenssteuer, Körperschaftssteuer, Gewerbesteuer, Gewerbeertragssteuer);
- anhand der Vermögensaufstellung (Inventar) ermittelt das Finanzamt die betrieblichen Einheitswerte für die Berechnung der vermögensabhängigen Steuern (Vermögenssteuer, Gewerbekapitalsteuer, Grundsteuer).

Gewinn- und vermögensabhängige Steuern

Einkommenssteuer

Die Einkommenssteuer bedeutet für Sie als Unternehmer das Gleiche, wie die Lohnsteuer für die Arbeitnehmer. Sie richtet sich nach dem persönlichen Gewinn nach Abzug aller Kosten und Belastungen. Wenn Sie Mitarbeiter beschäftigen, müssen Sie deren Lohnsteuer einbehalten und abführen.

Gewerbesteuer

Die Gewerbesteuer besteht aus den Bestandteilen der Gewerbekapitalsteuer und der Gewerbeertragssteuer. Die Gewerbesteuer müssen Sie an das zuständige Stadt- oder Gemeindesteueramt entrichten. Die Höhe ergibt sich aus dem Kapitalvermögen (Gewerbekapital) und dem Ertrag (Gewerbeertrag) des Betriebs. Dieser Betrag wird mit dem ortsüblichen Hebesatz (Steuermesszahl) multipliziert.

Körperschaftssteuer

Sie betrifft alle juristischen Personen und Kapitalgesellschaften. Sie wird auf nicht ausgeschüttete Gewinne (45 Prozent) und auf ausgeschüttete Gewinne (30 Prozent) des Unternehmens erhoben. Die Gesellschafter müssen die an sie ausgeschütteten Gewinne im Rahmen ihrer Einkommenssteuer versteuern. Schon gezahlte Körperschaftssteuer wird dabei angerechnet.

Lohnsteuer
Bei Beschäftigung von Mitarbeitern, siehe Einkommenssteuer.

Umsatzsteuer

Umsatzsteuer (Mehrwertsteuer) muss auf alle Rechnungen aufgeschlagen werden. Sie beträgt derzeit 16 Prozent, für einige Erzeugnisse auch 7 Prozent. Die Differenz (Zahllast) zwischen der von Ihnen erhobenen Umsatzsteuer (bei Rechnungslegung) und der Umsatzsteuer, die Sie im gleichen Zeitraum selbst entrichten müssen (Vorsteuer), gehört dem Finanzamt und muss abgeführt werden. Die Umsatzsteuer stellt somit für ein Unternehmen einen durchlaufenden Posten in der Kostenrechnung dar.

Umsatzsteuer ist durchlaufender Posten

Steuerplanung

In der Anfangsphase der Existenzgründung werden die Steuern wegen Ihrer hoher finanziellen Belastungen gering sein. Mit steigendem Erfolg jedoch steigen dann auch die Steuerbelastungen. Fällt dieser Zeitpunkt mit dem Rückzahlungsbeginn von öffentlichen Krediten zusammen, geraten Sie als junges Unternehmens schnell in finanzielle Schwierigkeiten.

UNSER TIPP Steuerforderungen sind Planungsbestandteil Ihrer finanziellen Planungen. Beachten Sie die Fristen, die Ihnen für die verschiedenen Steuerarten gesetzt sind. Einkommens-, Körperschafts- und Gewerbesteuer müssen vierteljährlich im Voraus bezahlt werden. Die Umsatzsteuer muss monatlich im Voraus angemeldet werden. Steuerplanung gehört somit zur Liquiditätsplanung. Wichtig: Bilden Sie Rücklagen für die Steuer. Ansonsten können Sie angesichts unerwartet hoher Steuerzahlungen leicht in Schwierigkeiten geraten.

Was müssen Sie gegenüber dem Finanzamt beachten?

- Geschäftsunterlagen aufbewahren: Auch bei der Vorbereitung der Gründung können die Belege bereits als Betriebsausgaben steuerlich mindernd wirken;
- Geschäftsvorgänge aufzeichnen:
- als Kleingewerbetreibender oder Freiberufler in der Form eines Kassenbuches und einer Einnahme-Überschuss-Rechnung;
- als Vollkaufmann in der Form der doppelten Buchführung und einer Bilanz zum Jahresabschluss;
- als Handelstreibender zusätzlich in Form eines Wareneingangs- und Warenausgangsbuches;
- Steuererklärung rechtzeitig abgeben;
- zuständige Finanzämter informieren über Besonderheiten und Termine;
- Steuervorauszahlungen leisten und Steuerbescheide bezahlen;
- kommt im ersten Geschäftsjahr kein Gewinn zustande, entfällt die Einkommenssteuer und somit die Vorauszahlung.

Versicherungen und persönliche Vorsorge

Um erhebliche finanzielle Belastungen für das neue Unternehmen durch unvorhergesehene Schadensereignisse abzuwenden, sollten Sie Ihren betrieblichen und privaten Versicherungsschutz gewährleisten. Dazu gehören in jedem Fall:

Sichern Sie sich ab

Privatversicherungen:
- Krankheit;
- Unfall;
- Berufsunfähigkeit;
- Tod;
- Empfehlenswert ist auch eine Altersversicherung.

Geschäftsversicherung gegen:
- Feuer;
- Einbruch/Diebstahl;
- Wasserschäden;
- Transportschäden;
- Sturm/Hagel;

Unternehmerlasten: Steuern und Beiträge

- Betriebsunterbrechungen;
- Rechtsschutzversicherung;
- Betriebshaftpflichtversicherung;
- Betriebs- und Produkthaftpflichtversicherung (schützt das Unternehmen und dessen Mitarbeiter vor finanziellen Folgen bei Schadensersatzansprüchen;
- Kreditversicherungen.

Entgangene Gewinne infolge von Sachschäden und nicht erwirtschaftetem Aufwand können durch die Betriebsunterbrechnungsversicherung gedeckt werden. Sie versichert natürlich nicht für nicht erwirtschafteten Gewinn. Sie sollten sich auf jeden Fall von den zuständigen Kammern beraten lassen. Auch der Bundesverband der Versicherungsberater e.V. vergibt regionale Adressen.

UNSER TIPP Sie sollten auf jeden Fall mit Ihren Experten über die Höhe der Versicherungen sprechen. Beachten Sie dabei vor allem Probleme der Unterdeckung und einer oft unnötigen Überdeckung oder Überschneidungen im Versicherungsschutz.

Existenzgründungsinitiativen in den Bundesländern

Hilfreiche Netzwerke

In fast allen Bundesländern haben sich Einrichtungen aus Forschung, Wissenschaft, Hochschulen, Banken und Unternehmern zusammengeschlossen, um Existenzgründern auf ihrem Weg in die Selbstständigkeit zu helfen. Sie können sich also, wenn Sie Unterstützung in Ihrer Region benötigen, an die jeweilige Initiative wenden.

Von Baden-Württemberg bis Thüringen
Adressen finden Sie im Anhang des Buches; hier folgt eine kurze Beschreibung der einzelnen Existenzgründungsinitiativen aus den Bundesländern.

Existenz gegründet – und dann?

Baden-Württemberg
Karlsruher Existenzgründungs Impuls (KEIM)

Mehr als 100 Partner aus Forschung, Wirtschaft und Verwaltung haben den „Karlsruher Existenzgründungs Impuls" (KEIM) ins Leben gerufen. Tragende Säulen von KEIM sind das Forschungszentrum Karlsruhe, die Universität und die Fachhochschule Karlsruhe sowie die Fachhochschule Pforzheim und die TechnologieRegion Karlsruhe, ein Zusammenschluss von innovativen Technologie-Unternehmen. KEIM wurde als GmbH gegründet und setzt sich aus verschiedenen Bausteinen zusammen:

Im KEIM-Zentrum für Unternehmensentwicklung arbeiten Professoren der beiden Fachhochschulen und der Universität mit Unternehmen zusammen, um die unternehmerische Ausbildung an den verschiedenen Hochschulen zu vertiefen. Das KEIM-Zentrum bildet den Rahmen für projektbezogene Unternehmertrainings in den Hochschulen. Das KEIM-Zentrum für Produkt- und Serviceentwicklung soll Studenten unter Anleitung ihrer Professoren befähigen, neue marktgerechte Produkte und Serviceangebote zu entwickeln. Es bildet den Rahmen für Ideenlabors, in denen Studenten gemeinsam mit Forschern und Fachleuten aus Unternehmen an Innovationsprojekten arbeiten.

Ideenlabor an der Uni

Beide KEIM-Zentren sollen keine neuen Institutionen werden, sondern die vielfältigen vorhandenen oder noch aufzubauenden Initiativen in der Region koordinieren. KEIM wird dabei die unterschiedlichen Anbieter aus der Region bei der Weiterentwicklung ihrer Angebote unterstützen und die unterschiedlichen Ansätze zu einem Gesamtpaket zusammenbinden. Wichtiges Bindeglied dafür ist die Arbeitsgemeinschaft der regionalen Existenzgründungs-Beratungstellen, die einzelne Projekte in der Region koordinieren.

Erfahrungen aus der Praxis steuert der Verein „Gründer helfen Gründern e.V." bei. Knapp 100 aktive Mitgliedsunternehmen helfen dabei, die unternehmerische Ausbildung an den Hochschulen zu verbessern und künftige Jungunternehmer mit praktischer Hilfe zu unterstützen. Eine wichtige Gruppe in dem Verein sind insbesondere diejenigen Gründer, die ihr Unternehmen selbst aus der Hochschule heraus entwickelt haben und insofern eine praxisgerechte Unterstützung bieten können.

Ohne Geld geht es natürlich nicht. Regionale Banken haben einen „KEIM-Finanzierungshebel" entwickelt, der ebenso wie ein aufgestockter regionaler Seed Capital-Fonds Existenzgründern die Beschaffung von Gründungskapital erleichtern soll.

Schließlich soll der KEIM-Businessplan-Wettbewerb dazu beitragen, die Entwicklung von aussichtsreichen Geschäftsideen durch Studenten und wissenschaftliche Mitarbeiter zu stimulieren.

Die Finanzierung von KEIM erfolgt durch Fördermittel des Bundesministeriums für Bildung, Wissenschaft, Forschung und Technologie. Die Zuteilung der finanziellen Mittel an die einzelnen Projekte und Einrichtungen erfolgt schrittweise im Projektverlauf, sodass auf neue Erfahrungen reagiert werden kann. Dabei können sich die einzelnen Einrichtungen regelmäßig um eine Kofinanzierung ihrer Projekte durch KEIM bewerben, müssen aber – um in den Genuss von Fördermitteln zu kommen – in unternehmerischer Weise Kosten und Leistungen überzeugend darlegen.

Partnernetz für Unternehmensgründungen
aus Stuttgarter Hochschulen (PUSH!)
Das zweite Existenzgründerprojekt in Baden-Württemberg wurde durch Angehörige von Hochschulen und Forschungseinrichtungen aus der Region Stuttgart gegründet. Ziel: zur Optimierung von Gründungsinitiativen beizutragen. Dabei gliedert sich das sich selbst als „virtuelles Unternehmen" bezeichnende Partnernetz in vier Kernkompetenzen:

- Infrastruktur und Innere Dienste;
- Qualifizierung und Weiterbildung;
- Beratung und Begleitung;
- Marketing und Vertrieb.

Vier Kernkompetenzen

Die vier Kompetenzen sollen direkt den Gründern zugute kommen. Schwerpunkte sind dabei der Aufbau eines Informationsdienstes zur Vermittlung von Räumen in Technologiezentren und Gewerbeflächen, sowie die Bereitstellung einer Intra- und Internetplattform, über die sich Gründungspartner finden können. Außerdem wird das gesamte regionale Kurs- und Seminarprogramm als kommentiertes Verzeichnis tagesaktuell angeboten. Auch die

Begleitung von Gründern wird nicht vernachlässigt. PUSH! unterhält einen Pool von Beratungskräften und bietet Lotsendienste und finanzielle Unterstützung zur qualifizierten Entwicklung von Businessplänen an. Nach der Prüfung der Geschäftsidee vermittelt PUSH! Berater und Coaches, die Gründer von der ersten Geschäftsidee bis hin zur Stabilisierung des Unternehmens begleiten. Schließlich wird bereits in der Phase der Forschung und Entwicklung gezielte Marketingunterstützung angeboten, um Existenzgründern sehr früh die Möglichkeit zu geben, professionell auf dem Markt in Erscheinung zu treten. Am PUSH!-Partnernetz sind derzeit mehr als 70 Einrichtungen und Unternehmen beteiligt. PUSH! beteiligt sich außerdem an dem Aufbau einer Finanz- und Venture-Capital-Szene im Raum Stuttgart.

Bayern
GründerRegio M, München
Die GründerRegio M in München konzentriert sich auf Existenzgründer aus den Bereichen Biotechnologie, Neue Materialien, Umwelttechnologie und Informationstechnologie. Das ehrgeizige Ziel der Initiative ist der Aufbau eines europäischen Zentrums für innovative dienstleistungs- und technologiebasierte Unternehmensgründungen. Dazu soll eine „Kultur" an den Hochschulen etabliert werden, die Gründungen motiviert. Parallel dazu wird ein Ausbildungsprogramm für Studenten und Wissenschaftler entwickelt, das die Teilnehmer zum Unternehmertum qualifiziert.

Schwerpunkte der Förderung

Die Initiatoren und Partner von GründerRegion M sind die Ludwig-Maximilians-Universität und die TU sowie die Fachhochschule München, das GSF-Forschungszentrum für Umwelt und Gesundheit, die Industrie- und Handelskammer für München und Oberbayern, der Bundesverband Junger Unternehmer, die Wirtschaftsjunioren München, der Förderkreis Neue Technologien e.V., der Münchener Venture Capital Club e.V. und der Sparkassenverband Bayern. Praktiker aus diesen Einrichtungen werden in die Lehrveranstaltungen einbezogen. Gleichzeitig werden potenzielle Gründer mit der in München vorhandenen Wagniskapitalszene, „Private-Equit-Finanziers" sowie Industriepartnern aus Entrepreneurship-Foren zusammengebracht.

Um dieses Konzept zu realisieren, wurde ein „Digital Net" (mit vielen Links und Adressen) aufgebaut, mit dessen Hilfe Gründer Kontakte zu GründerRegion M aufbauen können. Zusätzlich wurde ein Gründer- und Beraternetzwerk geschaffen, das an den Hochschulen verankert ist. Ein Medien- und Kommunikationszentrum bietet Räume für Veranstaltungen und dient als Treffpunkt für Gründer. Die Anschubfinanzierung erfolgt durch das BMFT, noch im Jahr 2000 soll eine Überführung der GründerRegionM in eine Kapitalgesellschaft erfolgen, um sich durch laufende Einnahmen selber tragen zu können.

Berlin-Brandenburg
Berlin-Brandenburger Innovations- und Gründungsoffensive (bingo)

Diese Existenzgründungsinitiative wurde von der Vereinigung der Unternehmerverbände in Berlin und Brandenburg e.V., der TU Berlin, der Universität Potsdam sowie vielen anderen Organisationen und Unternehmen ins Leben gerufen. **Zielsetzung** ist, eine gründungsorientierte Ausrichtung der Hochschulen zu initiieren und regionale Kompetenzträger der Gründungsförderung zu vernetzen. Dabei sollen die Kernkompetenzen der Hochschulen auf die Erfordernisse von Gründungsprozessen junger technologieorientierter und innovativer Unternehmen ausgerichtet werden. Zur Umsetzung dieser Ziele wurden bingo-Projekte initiiert:
- Mobilisierung von Existenzgründern;
- Labor für Entrepreneurship;
- Gründermanagement Entrepreneurship in Schulen;
- Internationalisierung in Life Sciences.

Die Dienstleistungen für Gründer bestehen aus dem Angebot einer One-Stop-Agency, Patentmarketing, Gründerteams und einem Mikrokredit-Programm. Als Werkzeuge zur Umsetzung dieser Dienstleistungen arbeitet bingo mit konkreten Hilfen bei der Businessplan-Erarbeitung, einer virtuellen Hochschule sowie Multimedia-Einsätzen. Schließlich werden Gründer am „Center of Competence" auf ihrem Weg von der Ideengenerierung bis hin in die Phase der Marktdurchdringung begleitet.

Hamburg

Hamburger Existenzgründungs Programm (HEP)

In Hamburg hat die Zusammenarbeit von Hochschulen, Innovationsstiftungen, Politik und Verwaltung sowie der Wirtschaft zur Gründung des „Hamburger Existenzgründungs Programm (HEP) geführt. Beteiligte Hochschuleinrichtungen sind die Universität, die Fachhochschule, die Hochschule für Wirtschaft und Politik, die Technische Universität Harburg, die Bundeswehrhochschule sowie das GKSS Forschungszentrum Geesthacht.

HEP entwickelt Ausbildungsangebote, die im Rahmen der generellen Modularisierung von Studiengängen neben dem Fachstudium gründungspraktische Inhalte vermitteln, ohne dass ein Zusatzstudium notwendig ist. Kernstück ist zunächst eine zweisemestrige Grundvorlesung zum Thema „Existenzgründung". Begleitet wird diese Vorlesung durch Ferienschulen mit Kompaktangeboten zu dem Thema.

HEP hat sich zum Ziel gesetzt, eine hochschulübergreifende Kooperation von technischen und betriebswirtschaftlichen Disziplinen zu initiieren. Damit will man erreichen, dass Betriebswirte und Ingenieure mit Natur-, Sozial- und Geisteswissenschaftlern enger zusammengeführt werden. Die HEP-Projekte gliedern sich in vier Phasen: *Zielsetzung*

- Motivation – Ausbildung – Weiterbildung
- Ideen – Finden – Stimulieren
- Existenzgründung: Unterstützung
- Existenzgründung: Finanzierung.

Neben Gründerstipendien und Gründerjobs an den Hochschulen bietet HEP einen Businessplan-Wettbewerb an, der sich auf innovative Unternehmensgründungen aus Hochschulen und Forschungseinrichtungen konzentriert. Ein HEP-Fonds, der in einen HEP-Beteiligungsfonds und das HEP-Angel-Programm aufgegliedert ist, soll innovativen Unternehmen in der Frühphase erstes Kapital bereitstellen. Daran beteiligt sind Banken und Business Angels, die neben Geld auch ihre Berufserfahrung und ihr Management-Know-how in junge Unternehmen einbringen.

Mecklenburg-Vorpommern
Das Deutsche Netzwerk für Unternehmensgründer aus Hochschulen durch Wissens- und Technologietransfer (Das „D-nett's")
Das D-nett's wird u. a. von der Universität Rostock, dem Arbeitsamt Rostock, der Deutschen Bank, der Industrie- und Handelskammer, dem Technologiezentrum Warnemünde sowie den Wirtschaftsjunioren Rostock getragen. Dabei setzt „Das D-nett's" auf die amerikanische Karte, um schnell zu wettbewerbsfähigen Unternehmensgründungen zu kommen. Wegen der Strukturschwachheit des Landes sind Modelle der Aktivierung privaten Kapitals, wie beispielsweise durch ein Angel Network, besonders wichtig. Außerdem erhalten die technologieorientierten Unternehmen über US-amerikanische Kooperationspartner Zugang zum US-amerikanischen Markt.

> **Partner aus den USA**

Die Instrumente von „Das D-nett's" gliedern sich in zwei Bereiche auf:
- Instrumente zur Begleitung von Unternehmensgründungen;
- Instrumente zur Motivation und Information.

Dabei wird in der Phase der Unternehmensgründung konkrete Hilfestellung bei Startschwierigkeiten gegeben, eine Patenschaft von Business Angels für junge Unternehmen sichert die Gründungsphase ab. An den Hochschulen werden Gründertage veranstaltet und Patentinformationen gegeben. Schon in der gymnasialen Oberstufe wird den Schülern Einblick in Unternehmensgründungen gegeben. Gründern stehen im Technologie- und Forschungszentrum Zimmer zur Verfügung.

Nordrhein-Westfalen
Bergisch-Märkische Initiative zur Förderung von Existenzgründungen, Projekten und Strukturen (bizeps)
Initiator von bizeps ist die Bergische Universität-Gesamthochschule Wuppertal. Zahlreiche andere universitäre Einrichtungen und Partner aus der Wirtschaft kümmern sich um die Errichtung gründerfreundlicher universitärer und gesellschaftlicher Strukturen, sowie um die Unterstützung während und nach der Gründung. Schwerpunkte sind die Schaffung einer Gründerprofessur an der

Bergischen Universität, die Bildung eines Fernstudienganges Entrepreneurship Education an der Fernuniversität Hagen sowie die Bereitstellung kostenloser Flächen auf dem Werksgelände der Bayer AG. Ein Verbund von acht Technologiezentren bietet die Begutachtung von Unternehmenskonzepten und die Vermittlung von Vertriebspartnern an. Gleichzeitig werden spezielle Venture-Capital-Programme aufgelegt, die Gründern die Anfangsphase erleichtern sollen. Medienpartner begleiten das Gründungsprogramm mit einer umfassenden Medien- und Anzeigenkampagne.

Unternehmer schaffen Unternehmer: Gründer-Hochschulen fördern Unternehmertum im mittleren Ruhrgebiet (GURU)
Die Fachhochschule Gelsenkirchen, die Ruhr-Universität Bochum und das Rheinisch Westfälische Institut für Wirtschaftsforschung RWI sind die Trägerorganisationen von GURU, in dessen Netzwerk sich mehr als 50 Unternehmen und Organisationen aus dem Ruhrgebiet zusammengeschlossen haben. GURU hat sich zum Ziel gesetzt, an den Hochschulen ein unter Gründungsaspekten kreatives Milieu zu schaffen. Zentraler Gedanke des Projektes ist das nachhaltige Aufbrechen verkrusteter Einstellungen und das Mobilisieren des noch unterdurchschnittlich ausgeprägten Gründungswillens im Ruhrgebiet. Kernpunkt sind Programme an den Hochschulen, in deren verschiedenen Phasen Studenten animiert und motiviert werden, über Gründungen nachzudenken, in denen Gründungen vorbereitet und schließlich durchgeführt werden. Dabei konzentrieren sich die GURU-Macher vor allem auf innovative Wirtschaftszweige wie Bio- und Gentechnologie, TeleEngeneering, Marketing, Innovative Mess- und Automatisierungstechnik, Medizintechnik und Werkstoffanwendung.

 Eine enge Kooperation mit Unternehmen und der Verwaltung soll eine praxisnahe Ausrichtung der Gründungsinitiativen von Jungunternehmern gewährleisten. Nach einer dreijährigen Projektlaufzeit soll sich das durch das BMFT finanzierte Projekt selbst tragen.

Zielsetzung

Rheinland-Pfalz
Existenzgründerzentrum Trier-Kaiserslautern (exzentrik)
Initiatoren des exzentrik-Projektes sind die Universität Kaiserslautern, die Universität Trier, das Institut für Mittelstandsökonomie an der Universität Trier, das Institut für Techno- und Wirtschaftsmathematik Kaiserslautern und die Fraunhofer Management Gesellschaft, München. Zielstellung ist eine Verzahnung technisch-naturwissenschaftlichen und geisteswissenschaftlichen Fachrichtungen der Standorte Trier und Kaiserslautern mit bundesweiten Ansatzpunkten durch die Einbeziehung der Fraunhofer Gesellschaft München.

Verbindung von Geistes- und Naturwissenschaften

Exzentrik geht es um die technologieorientierte Existenzgründung an Hochschulen als Partnerschaftsgründung von Geistes- und Sozialwissenschaftlern. Einen Schwerpunkt legt exzentrik auf die Übernahme von Handwerksbetrieben durch Hochschulabsolventen und Franchise-Modelle. Die Schaffung einer „International School of Modern Technology" soll Existenzgründungen aus natur- und ingenieurwissenschaftlichen Studiengängen forcieren. Eine eigens für Gründer in der Startphase geschaffene Gesellschaft, die Inno-Holding AG, soll Jungunternehmer bei der Vorbereitung auf den Markt unterstützen.

Saarland
Motivation von Existenzgründungen im Saarland (Metis)
Auch im Saarland ist das Fraunhofer Institut engagiert. Gemeinsam mit der Universität des Saarlandes, der Hochschule für Technik und Wissenschaft, der Industrie- und Handelskammer, der Handwerkskammer und anderen Organisationen und Unternehmen wurde Metis gegründet, mit dem Ziel, „die Einstellung der Studierenden und Professoren im Saarland zur Selbstständigkeit positiv zu verändern und den Gründungsprozess bestmöglich zu unterstützen". Mittlerweile 20 Unternehmen sind aus dieser Initiative hervorgegangen, die mit dem Starterzentrum in Saarbrücken eine Anlaufstelle für die Existenzgründung bekamen. Das Starterzentrum stellt Ihnen für zwei Jahre ein preiswertes und professionelles Umfeld zur Verfügung, in das universitäre Ausstattungen integriert sind. Gegen geringes Entgelt können Büro- und Laborräume gemietet werden,

ein zentrales Sekretariat, eine Telefonanlage sowie der Anschluss an den Medienkanal der Universität schaffen gute infrastrukturelle Voraussetzungen für Unternehmensgründungen. Durch die enge Kooperation mit 46 Unternehmen aus dem Saarland ist eine gute Anbindung an die Praxis gewährleistet.

Sachsen
Bedarfsorientierte Existenzgründung aus Hochschulen (boe)
Die Technische Universität Dresden hat die Federführung bei dem boe-Projekt, an dem unter anderem auch das Sächsische Staatsministerium für Wirtschaft und Arbeit, das Fraunhofer Institut, die Industrie- und Handelskammer sowie als Projektpartner die Stanford University und die University of California sowie das Loewenthal Capital Management, alle drei aus den USA, beteiligt sind. Kerngedanke des Projektes ist die Profilerweiterung der Universität hin zu einem differenten Innovations- und Gründungszentrum in engem Zusammenwirken mit der Region. Dies soll durch die enge Vernetzung aller Fakultäten der Universität mit regionalen Forschungseinrichtungen, ortsansässigen Unternehmen sowie Unternehmen aus dem Finanzsektor erreicht werden. Dabei soll das Gründungspotenzial der Universität eng an einer marktgerechten Erschließung des Bedarfs an innovativen Produkten und Dienstleistungen orientiert werden. Als Maßnahmen werden an der Universität und an anderen Forschungseinrichtungen Vortragszyklen, Besichtigungen, Planspiele und Innovations- und Gründerwettbewerbe durchgeführt. Zudem werden Vorlesungen, Projekte und Seminare weiterentwickelt, das Angebot des Gründerlehrstuhls erweitert, Fallstudien und Gründerplanspiele initiiert. Ein Angebot zur Nachqualifikation, der Aufbau von Übungsfirmen und Praktika bei Technologieunternehmen runden die Maßnahmen ab.

Von der Uni zum Innovationszentrum

Existenzgründern wird bei der Erarbeitung von Businessplänen geholfen, Gründern werden Coaching-Partner zur Seite gestellt, die Hilfe zur Selbsthilfe geben. Zur Zeit befindet sich die Einrichtung eines Start-up-Fonds in der Prüfphase.

Thüringen
Generierung technologieorientierter/innovativer Unternehmensgründungen mit hohem Potenzial (Get Up)

Träger von Get Up sind die TU Ilmenau, die Friedrich-Schiller-Universität in Jena, die Fachhochschule Jena und die Fachhochschule Schmalkalden. Das Ziel: Die Schaffung eines Netzwerkes, das effektive Instrumentarien zur Existenzgründung aufbauen, vorhandenes wissenschaftlich-technisches Know-how nutzen, Existenzgründer zu einem erfolgreichen Unternehmensaufbau verhelfen und Finanzierungsinstrumente finden soll, die mit der Bereitstellung von Fremdkapital für innovative Unternehmensgründungen den Start erleichtern. Businessplan-Wettbewerbe, Existenzgründerseminare, Patentworkshops, Begleitforschung, psychologische Schulungen und der Aufbau internationaler Kontakte gehören zum Programm von Get Up, das Existenzgründer in allen Gründungsphasen begleitet. Der Aufbau einer virtuellen Hochschule und eines virtuellen Existenzgründerzentrums sollen Kontakt- und Weiterbildungsmöglichkeiten schaffen. An den Universitäten und Hochschulen soll der Gründungsgedanke durch die Einführung eines neuen Studienganges im Schnittpunkt von Betriebswirtschaftslehre und Naturwissenschaft das Gründerklima verbessern und potenzielle Gründer für die Selbstständigkeit qualifizieren.

Ihre Region im Internet

Mehr Details im Internet

Eine detaillierte bundesweite Aufstellung über Ansprechpartner und Adressen finden Sie im Internet. Diese Adressen gehen weit über das hinaus, was dieses Buch Ihnen bieten kann. Insofern hier nur die Internetadresse, unter der Sie – nach Bundesländern und einzelnen Städten sortiert – Ihre Ansprechpartner und Kontaktstellen im Bundesgebiet finden können:

- www.stern.de/servlet/mak_adresse

Anhang

Materialien des Bundesministeriums für Wirtschaft

Die deutsche Wirtschaft wird maßgeblich von mittelständischen Unternehmen geprägt. Während in Großunternehmen in den vergangenen Jahren vielerorts Arbeitsplätze abgebaut wurden, haben kleine und mittlere Betriebe viele neue Stellen geschaffen. Um Gründer und Jungunternehmer auf dem Weg in die Selbstständigkeit zu unterstützen, bietet das Bundesministerium für Wirtschaft und Technologie zahlreiche aktuelle Informationsmaterialien an. Die Informationsmaterialien können Sie direkt beim BMWi (siehe Adressen Seite 174) bestellen oder aber im Internet abrufen.

Kleine und mittlere Betriebe schaffen neue Stellen

- Anwenderprogramme zur Gründungs-, Unternehmens- und Finanz-/Liquiditätsplanung (Stand: Dezember 1998).
- Dokumentation 454
  Unternehmenserfolge und Wettbewerbsicherung durch aktive Patentarbeit in kleinen und mittleren Unternehmen (Stand: Dezember 1998).
  Die Broschüre soll die Wechselwirkung zwischen dem Patent als Instrument des Innovationsmanagements und dem wirtschaftlichen Erfolg insbesondere kleinerer und mittlerer Unternehmen deutlich machen.
- Studie 98 „Erfolgsfaktor Qualifikation – Unternehmerische Aus- und Weiterbildung in Deutschland" (Stand: Februar 1998): Das Institut für Mittelstandsforschung Bonn und das Institut für Mittelstandsökonomie an der Universität Trier e.V. haben im Auftrag des Bundeswirtschaftsministeriums das Gutachten erstellt.
- Der Existenzgründungsberater – PC-Lernprogramm (Stand: Dezember 1998): Das PC-Lernprogramm informiert ebenfalls über die Chancen und Risiken einer Firmengründung. Seit

Dezember 1998 gibt es eine grundlegend aktualisierte Version (4.0), u. a. mit einem Glossar der Fachbegriffe. Alle Informationen sind „computergenau" und spielerisch abrufbar. Wichtig: Das Programm geht auf die persönliche Situation des/der Existenzgründer/in ein und gibt ihm/ihr wertvolle Hinweise für „sein/ihr" Gründungsvorhaben. Zum Betreiben des Lernprogramms benötigt der Anwender einen IBM-kompatiblen PC mit einem mindestens 386er Prozessor.

- „Junge Unternehmen – die Schritte nach dem Start" (Stand: Dezember 1998): Die aktualisierte und neu gestaltete Broschüre richtet sich in erster Linie an junge Unternehmerinnen und Unternehmer. Sie soll einige besonders wichtige Themenbereiche der Broschüre „Starthilfe" vertiefen und auf weitere Themenbereiche eingehen, die sich für Gründer als besonders problematisch erwiesen haben.
- Arbeitsheft „Kleine und mittlere Unternehmen – Früherkennung von Chancen und Risiken" (Stand: Juli 1998): Das Arbeitsheft wurde mithilfe von Unternehmern aus der Praxis für die Praxis entwickelt und wendet sich an Sie als Unternehmer in Produktion, Handwerk und Handel aber auch als Dienstleister und Unternehmer. Es soll Ihnen zeigen, wie Sie durch Früherkennung mit Ihrem Unternehmen erfolgreicher werden, neue wertvolle Erkenntnisse gewinnen und diese in die Tat umsetzen können.
- Online-Akademie für Existenzgründer und Jungunternehmer. Gemeinsames Projekt von Bundeswirtschaftsministerium und FOCUS-Online. Nähere Informationen zu dem Projekt finden Sie unter www.focus.de/d/DB/DBY/dby/htm (siehe S. 183)
- Der Patentserver des BMBF: www.patente.bmbf.de
- „Starthilfe – Der erfolgreiche Weg in die Selbstständigkeit" (Stand: Dezember 1998): Die Broschüre „Starthilfe" ist erneut in einer überarbeiteten Ausgabe erschienen. Sie leistet Hilfestellung bei der Beantwortung vieler Fragen, die am Anfang einer Existenzgründung stehen. Angehende Unternehmer/innen erhalten Tipps zu allen Phasen einer Unternehmensgründung.
- Newsletter „Unternehmen Euro": Informationen und Tipps für die Wirtschaft zur Währungsumstellung.

- Ausgabe Nr. 1 – September 1997 – Schwerpunktthema: „Rechtsrahmen"
- Ausgabe Nr. 2 – Januar 1998 – Schwerpunktthema: „Wettbewerb und Marktstrategie"
- Ausgabe Nr. 3 – April 1998 – Schwerpunktthema: „Rechnungswesen, Zahlungsverkehr, Freie Berufe"
- Ausgabe Nr. 4 – August 1998 – Schwerpunktthema: „Einzelhandel, Groß- und Außenhandel, Verbraucher"
- Ausgabe Nr. 5 – Januar 1999 – Schwerpunktthema „Tourismus, Rundung, Versicherung"

- „Unternehmensnachfolge" – Der richtige Zeitpunkt – optimale Nachfolgeplanung – (Stand Januar 1998): Rund 300 000 mittelständische Unternehmen stehen in der nächsten Zeit vor einem Wechsel in der Unternehmensleitung. Die o. g. Schrift versucht, anhand von Fallbeispielen konkrete Hilfestellungen und Handlungsanleitungen zu geben.
- „Gründerzeiten": Sehr informative Hefte, die einzelnen Themen gewidmet sind. Besonders einschlägig sind Heft Nr. 7/8 („Gründungsfinanzierung"), Heft Nr. 12 („Hochschulabsolventen als Existenzgründer"), Heft Nr. 17 („Gründungskonzept"), Heft Nr. 29 („Internet für Existenzgründer").

Abc für Existenzgründer

Anmeldung des Betriebs
Die Anmeldung erfolgt bei der Gemeinde- oder Stadtverwaltung desjenigen Bezirks, in welchem der Betrieb seinen Sitz hat. Dort liegen auch weitere Informationen vor, welche weiteren Anmeldungen notwendig sind, z. B. bei Kammern etc.

Arbeitsamt
Ein erster, persönlicher Besuch klärt die mögliche finanzielle Förderung der Existenzgründung durch das örtliche Arbeitsamt. Dort findet auch die Vergabe der Betriebsnummer statt, mit der die zukünftige Abrechnung von Sozialabgaben und Krankenkasse abgewickelt wird.

Betriebswirtschaft

Grundzüge der Betriebswirtschaft sollten vorhanden sein, will der Unternehmer sein Schicksal nicht nur in die Hände eines Beraters legen. Es ist wichtig, vor der eigentlichen Gründung das zu bearbeitende Marktsegment zu kennen, die Konkurrenz einzuschätzen, die Preise zu kalkulieren, Vergleichsrechnungen anzustellen usw. Hilfe hierbei leisten ebenfalls Kammern, Banken und Sparkassen.

Businessplan

Diese detaillierte Beschreibung Ihres Vorhabens wird bei Kreditinstituten meist gefordert, wenn Kredite vergeben werden sollen.

Briefpapier

Das Briefpapier ist eine wichtige Visitenkarte des Unternehmens. Es ist auf die gesetzlichen Formalitäten zu achten.

CE-Zeichen

Richtlinie der Europäischen Union, Konformitätszeichen. Gültig für Maschinen, Geräte, Anlagen, Einrichtungen und Stoffe. Im Kaufvertrag ist deshalb auf die Konformität mit den geltenden technischen Rechtsregelungen zu achten, um eine Stillegung und hohe Kosten zu vermeiden. Informationen hierzu sind bei den Berufsgenossenschaften, den Kammern und Verbänden einzuholen.

Datenservice

Elektronische Dienstleistungen, wie das Datenträgeraustauschverfahren, bei dem sämtlicher Finanztransfer mit der Hausbank abgewickelt werden kann, oder elektronische Kontoführung online, werden von nahezu allen Banken und Sparkassen angeboten. Des weiteren können EDV-Dienste, wie Finanz- und Liquiditätsprogramme oder Datenbanken über Vergleichswerte der Branche genutzt werden. Die beste Informationsquelle stellt hier die Hausbank dar.

Erstinformation

Die besten Erstinformationen bekommt man kostenlos bei den örtlichen Kammern und den Kreditinstituten.

Europäische Union

Für kleine und mittlere Unternehmen gibt es ein umfassendes Programmangebot, das über Förderprogramme, spezielle Informationen für Existenzgründungen bis hin zu besonderen Entwicklungen des Europäischen Rechts reichen. Erste Ansprechpartner sind die regional zuständigen Kammern und Verbände.

Existenzgründungsberatung

Informationen zur kostenlosen Existenzgründungsberatung liegen bei der Handwerkskammer, Industrie- und Handelskammer, dem Einzelhandelsverband sowie Banken und Sparkassen vor.

Existenzgründungskredite/Finanzierungshilfen

Staatliche Finanzierungshilfen und Bürgschaften können nur in Anspruch genommen werden, wenn sie vor Beginn des Vorhabens bei der Hausbank beantragt worden sind. Es gibt allerdings keinen Rechtsanspruch. Informationen über aktuelle Existenzgründungshilfen des Staates sind bei Banken, Sparkassen, Kammern, Landesinnungsverbänden, Wirtschaftsförderungsstellen bei Städten, Gemeinden und Landkreisen abrufbar.

Fördermittel

Wie im vorigen Punkt Existenzgründungskredite/Finanzierungshilfen erläutert, ist grundsätzlich zu raten, sich bei mehreren Stellen zu informieren, da der Informationsstand sich ständig ändert und überdies sehr schwanken kann. Erste Anlaufstelle für Risikokapital ist die Hausbank.

Gemeinschaftliche Existenzgründung

Bei gemeinschaftlichem Gründungsvorhaben sind zum einen die jeweils gültigen Rechtsgrundlagen einzuhalten (GbR, OHG, KG, GmbH), zum anderen ist diese Form der Gründung mit besonderen vertraglichen Vereinbarungen zu treffen. In diesem Fall ist der Weg zum Steuer- oder Unternehmensberater dringend empfohlen.

Information
Erste Adresse sollte immer die regional zuständige Kammer und Hausbank sein. Weiterführende Informationen können auch online, z. B. im Internet (WWW), abgefragt werden.

Krankenkasse
Existenziell wichtig ist, dass eine Mitgliedschaft in einer Krankenkasse nicht gekündigt wird, bevor nicht eine rechtsgültige neue Mitgliedschaft abgeschlossen ist. Zu beachten ist hierbei, dass für selbstständige Unternehmer bestimmte Schutzvorschriften des Sozialversicherungsrechts nicht mehr gelten. Ob Selbstständige in eine private oder gesetzliche Krankenkasse gehen, kommt auf eine Prüfung der persönlichen Verhältnisse an. Beratungen bei Vertretern beider Systeme sind ratsam. Informationen hierzu erhält man bei den Kassen direkt.

Liquidität
Die Liquidität zeigt unter anderem die Lebensfähigkeit eines Unternehmens. Liquiditätsschwierigkeiten können mit der integrierten Finanzplanung (Liquiditätsplanung) vermieden werden. Hilfe hierzu leisten Kammern und Verbände sowie Berater.

Mengenrabatt
Diese Vergünstigung scheint anfänglich lukrativ, ist jedoch schnell zunichte, wenn sich nach kurzer Zeit eine Änderung ergibt. Informationen hierzu sind bei den Kammern und Verbänden einzuholen.

Outsourcing
Im Zuge der Existenzgründungsvorbereitungen muss genau geprüft werden, welche Leistungen selbst erbracht werden, und welche besser zugekauft werden sollen. Outsourcing kann beispielsweise auch schon die Vergabe der Buchhaltung an den Steuerberater bedeuten.

Qualitätsmanagement

Auf Verlangen der Kunden kann in der jeweiligen Branche ein Nachweis des Qualitätsmanagements nach DIN EN ISO 9000 ff. verlangt werden. Bevor man bindende Verträge schließt, ist eine umfassende Information notwendig. Es kann sein, dass eine Zertifizierung manchmal gar nicht möglich ist. Antworten hierzu geben Kammern und Verbände.

Sozialversicherung

Unternehmer unterliegen meist keinen Sozialversicherungspflichten mehr. Der Austritt ist in den meisten Fällen allerdings nicht ratsam.

Steuerberater/Steuern

Ein Steuerberater empfiehlt sich bei der Festlegung der geeigneten Rechtsform, der Finanzbuchhaltung und ggf. bei der Lohnbuchhaltung. Auskünfte über Steuern bekommt man beim Steuerberater oder dem zuständigen Finanzamt. Vorsicht: Es kann passieren, dass Existenzgründer in den ersten beiden Jahren nicht zur Einkommens- und Gewerbesteuer herangezogen werden, diese aber im dritten Jahr auf einen Schlag entrichten müssen oder hohe Vorauszahlungen leisten müssen.

Umsatzsteuer

Die Umsatzsteuer ist in der Regel monatlich beim Finanzamt anzumelden. Umsatzsteuerbefreiung kann sich nicht nur positiv auswirken, es empfiehlt sich eine genaue Prüfung, die mit dem Steuerberater zu besprechen ist. Eine Umsatzsteueridentifikationsnummer ist von der EU für grenzüberschreitende Lieferung und Leistung innerhalb der EG eingerichtet worden und dient als direktes Verrechnungsverfahren. Die USt-ld wird beim zuständigen Finanzamt beantragt.

Unternehmensberatung

Unternehmensberater können nach Bedarf Sonderaufgaben übernehmen. Ein enger Kontakt ist für die gezielte Unterstützung von Bedeutung. Grundberatungen können kostenfrei vom Berater der zuständigen Kammer, des Einzelhandelsverbandes und weiterer Organisationen der Wirtschaft genutzt werden. Beratungskosten können aus staatlichen Mitteln bezuschusst werden.

Versicherungen

Es ist empfehlenswert, Mitglied bei der gesetzlichen Rentenversicherung zu bleiben, auch wenn keine Versicherungspflicht mehr besteht. Krankenversicherung – siehe Krankenkasse. Es ist auf den privaten und geschäftlichen Versicherungsschutz gleichermaßen zu achten.

Verträge

Bei Verträgen gilt: Bedenkzeit nutzen. Ein seriöser Vertragspartner steht auch noch morgen zu seinem Angebot. Hilfe bei der Prüfung von Verträgen bieten die zuständigen Kammern, Innungen, Verbände, Rechtsanwälte.

Zuschüsse

Zuschüsse für Existenzgründungen sind regional und zeitlich unterschiedlich. Weiterhin sind daran in der Regel eine Vielzahl von unterschiedlichen Bedingungen geknüpft. Zuschüsse sind in der einfachsten Form auch Zinsvergünstigungen. Hierbei ist die langfristige, steuerliche Wirkung zu prüfen, insbesondere ob Zuschüsse wie Eigenkapital behandelt werden oder zum Ertrag des Unternehmens zählen sollen.

Adressen

Regionale Netzwerke

Bizeps Wuppertal
Dr. Rolf D. Volmering
Bergische Universität – Gesamthochschule Wuppertal
Transferstelle
Gaußstr. 20
42097 Wuppertal
Tel: 02 02 - 4 39 28 57
Fax: 02 02 - 4 39 29 04
E-Mail: volmering@uni-wuppertal.de

Dresden Exists
Technische Universitäten Dresden
Fakultät Wirtschaftswissenschaften
Prof. Dr. Werner Esswein
Müchener Platz, 01062 Dresden
Tel.: 03 51 - 4 63 56 38
Fax.: 03 51 - 4 63 68 10
E-Mail: projekt@dd-exists.wiwi.tu-dresden.de

Hep Hamburger Existenzgründungs Programm
Schellerdamm 4
21079 Hamburg
Tel.: 0 40 - 76 61 80 80
Fax: 0 40 - 76 61 80 88
E-Mail: hep@tutech.de
www.hep-online.de

Gesellschaft zur Förderung neuer Technologien Thüringen e.V.
Grit Holzmüller
GET UP
Langwiesener Str. 22, 98603 Ilmenau
Tel.: 0 36 77 - 8 77 1 15
Fax.: 0 36 77 - 8 77 1 18
E-Mail: gnt@gnt-ev.de

GründerRegio M
Dr. Frank Strathmann
Universität München, Kontaktstelle für Forschungs-
und Technologietransfer
Geschwister-Scholl-Platz 1, 80539 München
Telefon 0 89 - 21 80 - 63 02
Telefax 0 89 - 21 80 - 63 04
E-Mail: strathmann@gr-m.de
www.gruenderregion-m.de

KEIM, Forschungszentrum Karlsruhe, TTM
Dr. Ing. Jürgen Wüst
Postfach 3640
76021 Karlsruhe
Tel: 0 72 47 - 82 55 80
Fax: 0 72 47 - 82 55 23
E-Mail: keim@ttm.fzk.de

PUSH!
Regionale Agentur für Existenzgründungen
Industriestr. 2
70565 Stuttgart
Tel: 07 11 - 8 74 68 16
Fax: 07 11 - 7 84 63 44
E-Mail: agentur@push-stuttgart.de

Wichtige Bundesministerien
Bundesministerium für Bildung, Wissenschaft, Forschung und Technologie
Glinkstr. 18
10117 Berlin
Telefon: 0 30 - 28 54 00
E-Mail: information@bmbf.bund400.de
www.bmbf.de

Bundesministerium für Wirtschaft
Scharnhorstr. 36
10115 Berlin
Tel: 030-2 01 49
E-Mail: information@bmwi.bund.de
www.bmwi.de

Gründungslehrstühle an deutschen Universitäten
Quelle: DtA
Stand: Februar 2000

Name/Fakultät und Adresse	Bezeichnung des Lehrstuhls	Ausrichtung/ Schwerpunkte	Ansprechpartner/Kontakt	Status per Februar 1999
Humboldt Universität Berlin Wirtschaftswissenschaften Spandauer Straße 1 10178 Berlin	Stiftungslehrstuhl	Entrepreneurship und Innovationsmanagement Technologieorientierte Gründungen; Finanzierungen und Marketing	Prof. Dr. Lutz Hildebrandt, Prodekan, Telefon (030) 20 93-5691 Hildebr@wiwi.hu-berlin.de	Komplett in Planung Ausschreibung erfolgt
Internationale Hochschule (i. G.) Betriebswirtschaft/ Informatik International University, Campus 1, 76646 Bruchsal		Entrepreneurial Leadership Intrapreneurship	Frau Dr. Mechel, Student Recruitment, Telefon (07251) 700-110 Telefax (07251) 700-150 www.i-u.de	Lehrbetrieb ab September '99 geplant
Technische Universität Chemnitz/ Zwickau Dekanat/ Fakultät Wirtschafts- und Sozialwissenschaften Postfach 9107 Chemnitz	Stiftungslehrstuhl	Unternehmensgründung, Gründung allgemein; Begleitung von Hochschulausgründungen; Weiterbildung	Prof. Joachim Käschel, Dekan Telefon (0371) 531-42 44 www.tu-chemnitz.de	Ausschreibung erfolgt; Erste Seminare und Veranstaltungen seit SS 98

Name/Fakultät und Adresse	Bezeichnung des Lehrstuhls	Ausrichtung/ Schwerpunkte	Ansprechpartner/Kontakt	Status per Februar 1999
Technische Universität Darmstadt Betriebswirtschaft Karolinenplatz 5 64289 Darmstadt		vorläufig: Existenzgründung/ Unternehmensgründung	Dipl. Wirtsch. Ing. Alexander Koldau Telefon (06151) 16 24 23 www.th-darmstadt.de	Komplett in Planung
Fachhochschule Deggendorf Betriebswirtschaft Edelmairstraße 6–8 94449 Deggendorf	Stiftungsprofessur (Name steht noch nicht fest)	Gründung allgemein (Weiteres steht noch nicht fest)	Prof. Markmiller, Vizepräsident Telefon (0991) 3615-101	Komplett in Planung
Universität Dortmund, Wirtschafts- und Sozialwissenschaften 44221 Dortmund	Lehrstuhl	Gründungsmanagement, Gründung allgemein	Prof. Dr. Hartmut Neuendorf, Dekan Telefon (0231) 755-3182 www.uni-dortmund.de	Komplett in Planung, Ausschreibung offen
Technische Universität Dresden Wirtschaftswissenschaften Mommsenstraße 13 01062 Dresden	SAP-Stiftungslehrstuhl für Technologieorientierte Existenzgründung und Innovationsmanagement	Bewertung junger Unternehmen und Innovationsmanagement	Prof. Dr. rer. pol. Michael Schefczyk Telefon (0351) 463-6881 Michael.Schefcyk @mailbox.tu-dresden.de	Lehrbetrieb seit SS 99
Universität Erfurt Staatswissenschaftliche Fakultät Kränenbrücke 9–11 99084 Erfurt	European School of Governance	Noch nicht festgelegt	Herr Peter Manske, Wiss. Sekretär Telefon (0361) 59866-88 Telefax (0361) 59866-40 www.uni-erfurt.de	Komplett in Planung

Name/Fakultät und Adresse	Bezeichnung des Lehrstuhls	Ausrichtung/ Schwerpunkte	Ansprech- partner/Kontakt	Status per Februar 1999
Fachhochschule Gelsenkirchen Wirtschafts- wissenschaften Postfach 45877 Gelsen- kirchen	ABWL und Exis- tenzgründung	Innovative Grün- dungen; Einrich- tung eines „Insti- tuts zur Förde- rung von Innova- tion und Existenz- gründung"	Frau Birkenstecht, Dekanat Wirt- schaft, Telefon (0209) 9596-463 www.fh-ge.de	Komplett in Planung
Fachhochschule Gießen Stiftungsprofessur ABWL Wiesenstraße 14 35309 Gießen	Stiftungsprofessur ABWL	Innovative techno- logieorientierte Gründungen	Prof. Kampschulte, Präsident FH Telefon (0641) 309-2700 Telefax (0641) 309-1002 www.fh-giessen.de	In Planung
Fernuniversität Hagen FB Wirt- schaftswissen- schaften 58084 Hagen	Unternehmens- gründung und Nachfolge	Gründung allge- mein, insbesondere Gründungsmana- gement; Nachfolge	Herr Streubel, Dekanat Telefon (02331) 987-2432 www.fernuni- hagen.de	Komplett in Planung
Universität Karls- ruhe (TH) Elektrotechnik Kaiserstraße 12 76128 Karlsruhe	Stiftungslehrstuhl für Entrepreneur- ship	Gründung allge- mein, insbesondere innovative und technologieorien- tierte Gründungen	Dr. rer. pol. Volker Binder, Akademischer Direktor, Telefon (0721) 608-2147 www.uni- karlsruhe.de	Start geplant

Gründungslehrstühle an deutschen Universitäten

Name/Fakultät und Adresse	Bezeichnung des Lehrstuhls	Ausrichtung/ Schwerpunkte	Ansprech- partner/Kontakt	Status per Februar 1999
Universität zu Köln Wirtschafts und Sozialwissen- schaften Arbeitsgruppe Gründungsöko- nomie und Entre- preneurship Pohligstraße 1 50969 Köln	DtA-Stiftungslehr- stuhl für allgemeine Betriebswirtschaft, Unternehmens- gründung und -entwicklung	Gründung allge- mein; Unter- nehmensgründung und -entwicklung; MBO/MBI	Dipl.-Vw. Joachim Herting, Arbeitsgruppe Gründungsöko- nomie und Entre- preneurship Telefon (0 22 22) 93 54 70 www.uni-koeln.de	Start geplant
Universität Lüne- burg Wirtschafts- und Sozialwissen- schaften Schanhorststraße 1 21335 Lüneburg	Existenzgründung (geplant) in Verbin- dung mit einem Existenzgründer- zentrum	Gründung allge- mein (nicht tech- nisch ausgerichtet)	Herr Zühlsdorff, Pressesprecher Telefon (0 41 31) 78-10 07 Telefax (0 41 31) 78-10 97 www.uni- lüneburg.de	Komplett in Planung
Universität Mann- heim Betriebswirtschaft Postfach 68131 Mannheim	DtA-Stiftungs- lehrstuhl für Entrepreneurship/ Unternehmens- gründung	Gründung allge- mein (Lehre/Forschung/ Kooperation); Entrepreneurship, BWL	Dipl. Kff. Beate- Luise Karcher, Institut für Mittel- standforschung Telefon (06 21) 292-50 60 Telefax (06 21) 292-50 62	Sart geplant für Januar 2000
Westfälische Wil- helms-Universität Münster Wirtschaftswissen- schaften	Stiftungsprofessur für Unternehmens- gründung und Entrepreneurship	Gründung allge- mein, insbesondere Mittelstands- forschung	Prof. Klein, Vorsitz Berufungs- kommission Telefon (02 51) 83-83-111 www.uni- muenster.de	Komplett in Planung

Name/Fakultät und Adresse	Bezeichnung des Lehrstuhls	Ausrichtung/ Schwerpunkte	Ansprechpartner/Kontakt	Status per Februar 1999
European Business School in Oestrich-Winkel Betriebswirtschaftslehre Schloß Reichartshausen 65375 Oestrich-Winkel	DtA-Stiftungslehrstuhl für allgemeine Betriebswirtschaftslehre insbesondere Gründungsmanagement und Entrepreneurship	Gründung allgemein	Prof. Dr. Heinz Klandt, Lehrstuhlinhaber Telefon (06723) 69-231 Telefax (06723) 69-235 E-Mail heinz.klandt@ebs.de www.ebs.de emein	Der bundesweit 1. Lehrstuhl arbeitet seit dem SS 98
Universtät Hohenheim Wirtschafts- und Sozialwissenschaften 70593 Stuttgart	Unternehmensgründung (geplant)	Gründung allgemein; Entrepreneurship	Herr Grabowski, Pressesprecher Telefon (0711) 459-2001 Telefax (0711) 459-3289 www.uni-hohenheim.de	Komplett in Planung
Fachhochschule Trier/Standort Birkenfeld Umweltwirtschaft Postfach 1380 55761 Birkenfeld	Stiftungsprofessur für Betriebswirtschaft und Unternehmensgründung und -entwicklung	Gründung allgemein; Schwerpunkt noch offen	Prof. Moser, Vorsitzender des Beratungsausschusses Telefon (06782) 17-1116 www.fh-trier.de	Komplett in Planung
Bergische Universität GH Wuppertal Unternehmensgründung/Entwicklungsökonomie Gauss-Straße 20 42097 Wuppertal		Gründung allgemein; BWL und VWL, Wirtschaftliche Entwicklung Fakultätsübergreifend	Prof. Dr. Winfried Matthes, Dekan/LS Controlling Telefon (0202) 439-3905 www.uni-wuppertal.de	Komplett in Planung

Gründungslehrstühle an deutschen Universitäten

Nützliche Internetadressen (www.)

- Akademie.de: **.akademie.de**
  Die Internet-Akademie bietet Internet-Praxis für Unternehmen.

- C.E.S.A.R.: **cesar.de!ideen/ideen.htm**
  Informationen für Existenzgründer:

- Cyber Forum: **.chancenkapital.de/home.htm**
  Das Cyber Forum der Technologie-Region Karlsruhe steht für einen „virtuellen" Industriepark. Die dort „angesiedelten" Unternehmen sind durch moderne Datennetze verbunden und gestalten Multimedia- und Breitbandkommunikation zur wesentlichen technischen Infrastruktur aus.

- Deutschland Innovativ: **.deutschland-innovativ.de**
  Ein Informationsdienst des Instituts der deutschen Wirtschaft Köln.

- ExistenzGründer-Institut Berlin e.V.: **existenzgruender-institut.de**
  Das ExistenzGründer-Institut Berlin e.V. trägt als gemeinnütziger Verein das Thema Existenzgründungen an die Hochschulen und in die Forschungsinstitutionen. Kreativen und innovativen Köpfen soll die Selbstständigkeit als Alternative zur abhängigen Beschäftigung präsentiert werden.

- Existenzgründer Netzwerk: **.existenzgruendernetzwerk.de**
  Unter dem Motto „Existenzgründung als Teamwork" werden hier interessierte Personen zusammengebracht.

- Surftipps für Existenzgründer: **.forum-jobline.de/service/-surftips/existenzgruender.html**

- Gründer-Info St. Pauli: **.gruender-info.de**
  Der neue Anlaufpunkt für Existenzgründer und junge Betriebe aus St. Pauli und der Umgebung bietet vor Ort erste Orientierung, filtert und bündelt die Flut an Informationen und holt

Experten zu Vorträgen und Veranstaltungen in die Alte Rinderschlachthalle. Der Service ist eng mit dem Gründerzentrum Etage 21 verknüpft und nutzt das dort versammelte Know-how.

- EXTRA: **.uni-kI.de/extra**
  Existenzgründer-Training; Gründung und Führung eines eigenen Unternehmens. Ein Angebot der Universität Kaiserslautern.

- GründerLinX: **.gruenderlinx.de**
  GründerLinX ist eine kommentierte Link-Sammlung für Existenzgründer und kleine und mittlere Unternehmen.

- Gründerstadt: **.gruendernetz.de**
  Eine virtuelle Stadt für Existenzgründer. Diese Plattform will Ihnen während der kompletten Gründungsphase helfen.

- Gründertage 1999: **.messe.cc/gruendertage/index.htm**
  Messe und Seminare für Existenzgründung und Unternehmenssicherung.

- Gründerzeit: **.gruenderzeit.de**
  Eine Initiative des Kölner NUK e.V („Neue Unternehmer mit Konzept") zur Förderung von Unternehmensgründungen aus Hochschulen.

- Innovation Market: **.venture-management-services.de/innovation**
  Die Deutsche Börse AG und die Kreditanstalt für Wiederaufbau bieten einen Marktplatz für Innovationen mit Informationen über erfolgversprechende Innovationsvorhaben an.

- Online Akademie: **.focus.de/D/DB/DBY/dby.htm**
  Ein Informationsdienst vom Bundesministerium für Wirtschaft und Technologie und von Focus mit einer Vielfalt von Grundlagenwissen und Schulungen.

- PUSH: **.db.region-stuttgart.de**
  Das Partnernetz für Unternehmensgründungen aus Stuttgarter Hochschulen.

- START: **.start-messe.de**
  Die Existenzgründermesse für Deutschland.

- TEG: **.teg.mhn.de**
  The Entrepreneurial Group: Eine von Studenten Anfang der 80er Jahre gegründete Initiative, die interessierte Studentinnen und Studenten dazu bringen will, unternehmerisch zu denken und Ihre Ideen in die Universität einzuführen.

- TRAIN-IT: **.train-it.izet.de** (englischsprachig)
  TRAIN-IT entwickelt ein spezielles Trainingskonzept zur technologieorientierten Firmengründung innerhalb der EU, insbesondere im Bereich der Informationstechnologie.

- UGS: **.ugs.de**
  Unternehmens Gründungs Simulation. Eine Software für Unternehmensgründer.

Bewertungskriterien für Businessplan-Wettbewerbe

Im Folgenden können Sie ersehen, nach welchen detaillierten Kriterien Businesspläne bewertet werden. Diese Beispiele sind entnommen aus dem Businessplan-Wettbewerb des Landes Berlin-Brandenburg 2000, Sie können aber davon ausgehen, dass ebensolche scharfen Kriterien von Banken und der Deutschen Ausgleichsbank angelegt werden, wenn Sie dort Anträge auf Finanzierung einreichen.

Sie können diese Fragen hervorragend zur Vorbereitung Ihres eigenen Businessplans verwenden. Nehmen Sie sie als Orientierung für die Entwicklung Ihrer Idee. Wenn Sie sich an diese Kriterien halten, stehen Sie immer auf der sicheren Seite.

Der Businessplan-Wettbewerb Berlin/Brandenburg umfasst drei Stufen. Diese werden jeweils neu bewertet, mit ähnlichen Kriterien; daher wiederholen sich naturgemäß die Fragestellungen.

1. Stufe: Bewertungskriterien für Juroren
Anforderungen an die Hauptelemente:

- **Zusammenfassung:**
  - Wie prägnant formuliert?

- **Produktidee:**
  - Know-how der Gründer

- **Unternehmen:**
  - Wie groß ist das kaufmännische und technische Wissen der Gründer?

- **Produkt:**
  - Ist die Idee/das Geschäft verständlich dargestellt?
  - Ist die Idee/das Geschäft innovativ?
  - Ist die Einteilung der Geschäftsfelder sinnvoll und vollständig?
  - Ist der Kundennutzen plausibel?
  - Ist die Zielgruppe treffend?
  - Werden die wesentlichen Konkurrenzprodukte recherchiert?

- **Organisation:**
  - Wird ein verständliches Organigramm erstellt?
  - Werden alle wesentlichen Unternehmensbereiche berücksichtigt?
  - Wird aufgezeigt, welche Informationen zur Unternehmensführung wichtig sind?
  - Sind die Auswirkungen des Unternehmenswachstums auf die Organisation plausibel (Vemeidung von Engpässen)?

- **Layout:**
  - Ist das Layout ansprechend?

- **Gesamteindruck**

2. Stufe: Bewertungskriterien für Juroren

Anforderungen an die Hauptelemente:

- **Zusammenfassung:**
  - Wie prägnant formuliert?
  - Produktidee, Know-how der Gründer
  - Markt, Marketing

- **Unternehmen:**
  - Wie groß ist das technische und kaufmännische Wissen der Gründer?
  - Entspricht die Betriebsstätte den Anforderungen des Unternehmens (Ausstattung, Größe, Lage)?

- **Produkt:**
  - Ist die Idee/das Geschäft verständlich dargestellt?
  - Ist die Idee/das Geschäft innovativ?
  - Ist die Einteilung der Geschäftsfelder sinnvoll und vollständig?
  - Ist der Kundennutzen plausibel?
  - Ist die Weiterentwicklung der Produkte sinnvoll?
  - Ist die Zielgruppe treffend?
  - Werden die Konkurrenzprodukte recherchiert?
  - Ist die Entscheidung zum Aufbau eigener Produktions- bzw. Dienstleistungskapazitäten oder zum Fremdbezug sinnvoll?
  - Ist der Textumfang angemessen?

- **Markt:**
  - Wird die Entwicklung der Branche gut wiedergegeben?
  - Ist die Entwicklung in den relevanten Marktsegmenten gut wiedergegeben (Größe, Trends, Wettbewerber, Marktanteile, Wettbewerber)?

- **Marketing:**
  - Passt die Preispositionierung zur Zielgruppe und zum Produkt?
  - Ist die Markteintrittsstrategie plausibel?
  - Ist die Wahl des Vertriebsweges plausibel?
  - Passen die Werbemittel zur Zielgruppe und zum Produkt?
  - Ist das angestrebte Absatzvolumen plausibel?

- **Organisation:**
  - Wird ein verständliches Organigramm erstellt?
  - Werden alle wesentlichen Unternehmensbereiche berücksichtigt?
  - Wird aufgezeigt, welche Informationen zur Unternehmensführung wichtig sind?
  - Sind die Auswirkungen des Unternehmenswachstums auf die Organisation plausibel (Vermeidung von Engpässen)?

- **Layout:**
  - Ist das Layout ansprechend?

- **Gesamteindruck**

- **Punkte insgesamt:**

3. Stufe: Bewertungskriterien für Juroren
Anforderungen an die Hauptelemente:

- **Zusammenfassung:**
  - Ist die Gliederung logisch und übersichtlich?
  - Wird prägnant formuliert?
  - Produktidee, Know-how der Gründer
  - Markt, Marketing
  - Umsätze, Renditen und Finanzbedarf
  - Das Anliegen an den Leser des Businessplans?

- **Unternehmen:**
  - Passt die Rechtsform zum Gründungsvorhaben?
  - Wird die Bedeutung und Funktion der Gesellschafter für das Unternehmen deutlich?
  - Wie groß ist das kaufmännische und technische Wissen der Gründer?
  - Entspricht die Betriebsstätte den Anforderungen des Unternehmens (Ausstattung, Größe, Lage)?
  - Sind die nächsten Schritte der Gründung vernünftig?

- **Produkt:**
  - Ist die Idee/das Geschäft verständlich dargestellt?
  - Ist die Idee/das Geschäft innovativ?
  - Ist die Einteilung der Geschäftsfelder sinnvoll und vollständig?
  - Ist der Kundennutzen plausibel?
  - Ist die Weiterentwicklung der Produkte sinnvoll?
  - Ist die Zielgruppe treffend?
  - Werden die wesentlichen Konkurrenzprodukte recherchiert?
  - Ist die Entscheidung zum Aufbau eigener Produktions- bzw. Dienstleistungskapazitäten oder zum Fremdbezug sinnvoll?

- **Markt:**
  - Wird die Entwicklung der Branche gut wiedergegeben?
  - Ist die Entwicklung in den relevanten Marktsegmenten gut wiedergegeben (Größe, Trends, Wettbewerber, Marktanteile, Wettbewerber?)

- **Marketing:**
  - Passt die Preispositionierung zur Zielgruppe und zum Produkt?
  - Ist die Markteintrittsstrategie plausibel?
  - Ist die Wahl des Vertriebsweges plausibel?
  - Passen die Werbemittel zur Zielgruppe und zum Produkt?
  - Ist das angestrebte Absatzvolumen plausibel?

- **Organisation:**
  - Wird ein verständliches Organigramm erstellt?
  - Werden alle wesentlichen Unternehmensbereiche berücksichtigt?
  - Ist die Verantwortung über die Unternehmensbereiche sinnvoll geregelt?
  - Wird aufgezeigt, welche Informationen zur Unternehmensführung wichtig sind?
  - Sind die Auswirkungen des Unternehmenswachstums auf die Organisation plausibel (Vermeidung von Engpässen)? - Ist die Personalplanung plausibel?

- **Planung:**
Wie ist die Qualität der:
- GuV-Detailplanung,
- GuV-Übersicht,
- Investitions- und Abschreibungsplanung,
- Zins- und Tilgungsplanung,
- Detailliquiditätsplanung?
- Wird der Finanzbedarf vollständig ermittelt?
- Ist die Finanzierung des Mittelbedarfs sinnvoll?
- (Werden die Bilanzen und GuV der letzten 3 Jahre dargestellt?)
- (Wird eine Planung für das Gesamtunternehmen erstellt?)

- **Layout**
- Ist das Layout ansprechend?

- **Gesamteindruck**

Weiterführende Literatur

Zum Thema Business Plan
- Mc Kinsey & Co, *Planen, gründen, wachsen,* Uerberreuter Verlag Zürich, Überarbeitete Auflage 1999, 219 Seiten, S 0506 12 3
- Struck, Uwe, Geschäftspläne: *Voraussetzung für erfolgreiche Kapitalbeschaffung,* Schaeffer-Poeschel, Verlag für Wirtschaft, Steuern, Recht GmbH, 2. Aufl. 1998, 176 S., ISBN 38202-1205-1
- Rich Stanley E. und David E. Gumpert, *How to write a winning business plan,* in: Entrepreneurship: Creativity at Work, Harvard Business Review May/June 1985
- Dieterle, W. K. M. und E. M. Winckler (Hrsg.), *Gründungsplanung und Gründungsfinanzierung,* Beck-Wirtschaftsberater im dtv, 2. Auflage, ISBN 3-423-05813-7
- Ripsas, Sven, *Business Plans – Eine Einführung,* Existenzgründer-Institut Berlin e.V. (Hrsg.), Berlin Juli 1997

Zum Thema Existenzgründung

- Wessel, Hanns Heinz, *Die Firmengründung*, 6. Auflage, Heidelberg 1994, ISBN 3-80051116-9
- Arnold, Jürgen, Existenzgründung: *Von der Idee zum Erfolg*, 3. Aktualisierte Auflage 1999, ISBN 3-920834-40-2
- Kirst, Uwe (Hrsg.), Selbständig mit Erfolg: *Unternehmensgründung und -führung in der Praxis*, Deutscher Wirtschaftsdienst, 2. Auflage, Köln 1996, ISBN 3-87156-191-6
- Rasner, Carsten, Karsten Füser und Werner Faix, *Das Existenzgründerbuch: Von der Geschäftsidee zum sicheren Geschäftserfolg*. Auflage, Landsberg/Lech, 1997, ISBN 3-478-3-5452-6
- Industrie- und Handelskammer zu Berlin (Hrsg.), *Gut vorbereitet gründen – erfolgreich selbständig bleiben*, Berlin 1997
- Investitionsbank Berlin (Hrsg.), *Der Existenzgründerleitfaden*, – kostenlos bei der Investitionsbank Berlin erhältlich
- Nieschlag, Robert, *Marketing*, 18. durchgesehene Auflage, ISBN 3-428-08785-2 Berlin 1997, Duncker & Humblot
- Pepels, Werner, *Marketing*, 2. Auflage 1997, ISBN 3-486-24587-2
- Hörschgen, Hans, *Marketing-Strategien: Konzepte zur Strategienbildung im Marketing*, 2. Auflage, Ludwigsburg 1993, ISBN 3-928238-40-X, Wissenschaft & Praxis
- Bühner, Rolf, *Betriebswirtschaftliche Organisationslehre*, 9. Auflage 1999, ISBN 3-486-25096-5
- Krüger, Wilfried, *Organisation der Unternehmung*, 3. Auflage, Stuttgart 1994, ISBN 3-17-013519-8
- Schanz, Günther, *Organisationsgestaltung*, 2. Auflage, München 1994, ISBN 3-80061882-6
- Perridon L., M. Steiner, *Finanzwirtschaft der Unternehmen*, 10. Auflage, München 1999, ISBN 3-8006-2412-5
- Betge, Peter, *Investitionsplanung*, 3. Auflage, Wiesbaden 1998, ISBN-Nr.: 3-409-33424-6
- Drosse, Volker, *Intensivtraining Investition*, 2. Auflage, Wiesbaden 1999, ISBN 3-409-22613-3
- Vormbaum, Herbert, *Finanzierung der Betriebe*, 9. Auflage, Wiesbaden 1995, ISBN 3-409-37217-2

- Förschle, Gerhart, Kropp, Manfred, *Unternehmensfinanzierung: Finanzierungsformen, Finanzanalyse, Finanzplanung*, 2. Auflage, Bonn 1995, ISBN 3-87081-564-7
- Coenenberg, Adolf Gerhard, *Jahresabschluß und Jahresabschlußanalyse*, 16. Auflage, Landsberg/Lech 1997, ISBN 3-478-39158-X
- Schildbach, Thomas, *Der handelsrechtliche Jahresabschluß*, 5. Auflage, Herne 1997, ISBN 3-482-42485-8
- Haberstock, Lothar, *Kostenrechnung 1 – Einführung –*, 10. unveränderte Auflage, Hamburg 1998, ISBN 3-503-05033-7

Zu rechtlichen Themen

- Kraft, Alfons, *Gesellschaftsrecht,* Neuauflage 1999, Neuwied 1999, ISBN 3-472-02458-5
- Klunzinger, Eugen, *Einführung in das bürgerliche Recht,* 8. Auflage, München 1998, ISBN 3-8006-2304-8 Klunzinger, Eugen, Grundzüge des Handelsrechts, 10. Auflage, München 1999, ISBN 3-8006-2337-4
- Mehrmann, Elisabeth, *Die GmbH: Gründung und Führung,* 4. Auflage, Düsseldorf 1996, ISBN 3-612-21326-1

Register

Anmeldung des
  Betriebs 167
Arbeitsamt 167
Aufsichtsrat 67

Baden-Württemberg 155
Bareinlage 34
Bayern 157
Behandlung, steuerliche 27
Beiträge 151
Berlin-Brandenburg 158
Beruf, kreativer 28
Beteiligung 26
Beteiligungskapital für
  kleine Technologieunter-
  nehmen 130
Betriebsmittel 127
Betriebsstätte 67
Betriebsübernahme 26
Betriebswirtschaft 168
BGB-Gesellschaft 28
Bilanzierung 27, 31
bingo 158
bizeps 160
boe 163
Buchführung 27, 31, 148
Bundesministerium für Wirt-
  schaft, Materialien 165
Bundesverband Deutscher
  Kapitalbeteiligungs-
  gesellschaften, Adresse 109
Bürgerliches Gesetzbuch 28
Business Angels 102
Businessplan 45, 53, 101, 168
– Beispiel 58 ff.
– Gestaltungstipps 52
– Layout 52
– Präsentation 53
– Zusammenfassung 45, 62
Briefpapier 168

CE-Zeichen 168
Coaches 101

Darlehen 109
Darlehen zum Umweltschutz
  und zur Energieein-
  sparung 133

Datenservice 168
Deutsche Ausgleichsbank
  (DtA) 116
– Adresse 146
– Förderprogramme 117
– Agenturen 138
– Beratungsservice
  für Gründer und Unter-
  nehmen 136
– Bürgschaften Neue
  Bundesländer 135
– Existenzgründungs-
  darlehen 124
– StartGeld 128
– Technologiebeteili-
  gungen 131
D-nett's 160

Eigenkapital 107
Eigenkapitalergänzungs-
  darlehen 120
Eigenkapitalhilfe-Pro-
  gramm 108
Eigenmittel 108
Eigentumsverhältnisse 27
Einkommensteuer 151
Einnahmen-Überschuss-
  Rechnung 150
Ein-Personen-GmbH 39
Eintragung ins Handels-
  register 37, 39
ERP-Eigenkapitalhilfe-
  programm 118
ERP-Existenzgründungs-
  darlehen 122
Erstinformation 168
Europäische Union 169
Existenzgründung, gemein-
  schaftliche 169
Existenzgründungs-
  beratung 169
Existenzgründungs-
  kredite 169
exzentrik 162

Finanzamt 153
Finanzierung 104
– kurzfristige 110

– langfristige 110
– mittelfristige 110
Finanzierungsarten 109
Finanzierungshilfen 169
Finanzierungsplan 58, 107
– Beispiele 140 ff.
Finanzplan 10
Finanzplanung 57
Firmierung 28
Förderkredit, öffent-
  licher 109
Fördermittel 169
– öffentliche 115
Förderprogramme 115
Franchising 26
Freiberufler 30
Fremdkapital 109
Futour 132

Genehmigung, staatliche 39
Geschäftsbriefe 43
Geschäftsführerbestellung 36
Geschäftsidee 12, 48, 70, 76
– Beispiel 18
Geschäftspapiere 41
Geschichte der Firma 54
– der Gründerperson 54
Gesellschafter 54
Gesellschafterversamm-
  lungen 41
Gesellschaft mit beschränkter
  Haftung (GmbH) 29, 31
– Firma der 32
– Gründungskosten 40
– Sitz 33
– Veröffentlichungs-
  pflichten 42
Gesellschaftsvertrag 32
– zusätzliche Verein-
  barungen 35
Get Up 163
Gewerbeanmeldung 39
Gewerbesteuer 151
GmbH & Co. KG 30
Gründerjobs 147
GründerRegio M 157
Gründerwettbewerb 21
Gründerzentren 11

Gründungsarten 25
Gründungskosten 107
Gründungsmanagement 24
GURU 161

Haftungsrisiko 27
Hamburg 159
Handelsgesetzbuch 28
Handelskammern 14, 30
Handelsregister 44
Hausbank 111, 116
HEP 159

Information 170
Innovation 72
Internet 164, 180
Investitionen 104
Investitionsplan 57
– Beispiele 140

Kalkulationen 49
Kapitalbedarfsplan 106
Kapitalbeteiligungs-
  gesellschaften 109
Kapitaldienst 107
Kapitalgesellschaften
– große 42, 43
– kleine 42, 43
– mittlere 42, 43
Kaufmann 28
KEIM 155
Kleingewerbetreibender 28
Kommanditgesellschaft
  (KG) 29
Konkurrenten 10, 16
Konkurrenzsituation 49
Körperschaftssteuer 151
Kosten, laufende 105
Kostenplan 57
Krankenkasse 170
Kredit 109
Kreditwürdigkeit 112
Kundennutzen 15

Landesämter, statistische 16
Leasing 105
Leistungsangebot 54
Leistungsbereitschaft 106
Leistungserstellung 107
Liquidität 170
Liquiditätsplan 58
Lohnsteuer 152

Management 47
Managementinformations-
  system 93
Marketing 49, 56, 86
Markt 10, 55, 79
Marktanalyse 15, 16, 50
Marktbeobachtung 15
Markteinschätzung 48
Marktsituation 49
Mecklenburg-Vorpom-
  mern 160
Mengenrabatt 170
Metis 162

Nachfolgeregelung 27
Neugründung 25
Nordrhein-Westfalen 160

Offene Handelsgesellschaft
  (OHG) 29
Organisation 57
Outsourcing 106, 170

Partner 26, 108
Partnerschaftsgesellschaft 30
Patentierung 13, 14
Personal 47
Personalkosten 99
Personalplanung 57
Personalstruktur 91
Personen 65
Planung 51, 94
Produkte 70
– innovative 13
Produktkonzeption 47
PUSH! 156

Qualitätsmanagement 171

Rechtsform 27, 46, 54, 65
Rentabilitätsplan 58
Rheinland-Pfalz 162

Saarland 162
Sacheinlage 34
Sachinvestition 127
Sachsen 163
Sale-lease-back-
  Verfahren 106
Selbsteinschätzung 9
Sicherheiten 112
Sozialversicherung 171

Sparmöglichkeiten 106
Stammeinlage 34, 37
Stammkapital 34
Standort 55
Start-up-Wettbewerb 22
Statistisches Bundesamt 16
Steuerberater 171
Steuern 151, 171
Steuerplanung 152

Technologieförderung 17
Technologieunter-
  nehmen 10, 52
Technologiezentren 11
Thüringen 163

Umsatzplan 58
Umsatzsteuer 152, 171
Unique Selling Proposition
  (USP) 14
Universitäten 24
Unternehmen, Gegenstand
  des 34, 46, 54
Unternehmensberatung 172
Unternehmens-
  konzeption 47
Unternehmens-
  philosophie 56

Venture Capitalists 14
Verhältnisse, rechtliche 46
Versicherungen 153, 172
Verträge 172
Vertraulichkeitserklärung 14
Vertrieb 89
Vertriebsnetz 10
Vertriebsplanung 56
Voraussetzungen,
  persönliche 24, 48
Vorbereitung auf das
  Bankgespräch 113
Vorsorge, persönliche 153

Werbung 89, 90
Wertschöpfungsgrad 55
Wettbewerb 48
Wettbewerber 71, 85
Wissen, kaufmännisches 10

Zielgruppe 54, 71
Zukunftsaussichten 49
Zuschüsse 172

Register 191

Im FALKEN Verlag sind weitere Ratgeber zum Thema Existenzgründung erschienen:
Praxishandbuch Existenzgründung (7384)
Selbstständigkeit und freie Mitarbeit (1891)
Kunden gewinnen als Selbstständiger (2093)
Erfolgreiche Existenzgründung (60285)
Scheinselbstständigkeit vermeiden (60575)

Überall erhältlich, wo es Bücher gibt.

Sie finden uns im Internet: **www.falken.de**

Dieses Buch wurde auf chlorfrei gebleichtem und säurefreiem Papier gedruckt.

Der Text dieses Buches entspricht den Regeln der neuen deutschen Rechtschreibung.

ISBN 3 8068 2573 4

© 2000 by FALKEN Verlag, 65527 Niedernhausen/Ts.
Die Verwertung der Texte und Bilder, auch auszugsweise, ist ohne Zustimmung des Verlags urheberrechtswidrig und strafbar. Dies gilt auch für Vervielfältigungen, Übersetzungen, Mikroverfilmung und für die Verarbeitung mit elektronischen Systemen.

Umschlaggestaltung: Rincon² Design & Produktion GmbH, Köln
Titelbild: Bavaria, München/VCP
Redaktion: dm druckmedien gmbH, München
Koordination: Birgit Schlegel
Layout und Herstellung: Horst Bachmann

Die Ratschläge in diesem Buch sind vom Autor und vom Verlag sorgfältig erwogen und geprüft, dennoch kann eine Garantie nicht übernommen werden. Eine Haftung des Autors bzw. des Verlags und seiner Beauftragten für Personen-, Sach- und Vermögensschäden ist ausgeschlossen.

Satz: DM-SERVICE Mahncke & Pollmeier GmbH & Co. KG, Rodgau
Druck: Ludwig Auer GmbH, Donauwörth